华东师范大学出版社

自主、探索、合作

——幼儿园区域创设及活动开展实践方案

主　编　杨　梅

副主编　曾桂芬

参　编　师菁雯　　曾丽娟　　唐丽华

　　　　罗辉霞　　白月胜　　谢丽敏

　　　　吕玉琴　　孙赫阳　　王　婷

　　　　沈　敏　　吴松蕾　　付　影

　　　　孟　阳　　李　玲　　余　蕾

　　　　卓小琴　　蔡青柳　　段　洁

　　　　黄曼丽　　邓腊梅　　孙维求

　　　　赖方方　　秦贝宁

图书在版编目(CIP)数据

自主、探索、合作：幼儿园区域创设及活动开展实践方案/杨梅主编. —上海:华东师范大学出版社,2016
ISBN 978 - 7 - 5675 - 5556 - 3

Ⅰ.①自... Ⅱ.①杨... Ⅲ.①活动课程－学前教育－教学参考资料 Ⅳ.①G613.7

中国版本图书馆 CIP 数据核字(2016)第 175891 号

自主、探索、合作
——幼儿园区域创设及活动开展实践方案

主　　编　杨　梅
责任编辑　李　琴
装帧设计　庄玉侠

出　　版　华东师范大学出版社
社　　址　上海市中山北路 3663 号
　　　　　邮编 200062

营销策划　上海龙智文化咨询有限公司
电　　话　021 - 51698271　51698272
传　　真　021 - 51621757

印 刷 者　浙江临安曙光印务有限公司
开　　本　787×1092　16 开
印　　张　15.75
字　　数　276 千字
版　　次　2016 年 10 月第 1 版
印　　次　2022 年 7 月第 5 次
书　　号　ISBN 978 - 7 - 5675 - 5556 - 3/G·9724
定　　价　48.00 元

出 版 人　王　焰

(如发现本版图书有印订质量问题,请与华东师范大学出版社联系
电话:021 - 51698271　51698272)

幼儿园区域活动的多元化探索丛书

总主编：

　　杨　宁（华南师范大学）

编委会：

　　李丽云（佛山市南海师范附属幼儿园）

　　刘红喜（深圳实验教育机构幼教中心）

　　聂　莲（佛山市机关幼儿园）

　　王　秋（广州香雪幼儿园）

　　王致青（广州东方红幼儿园）

　　姚　艺（深圳梅林一村幼儿园）

　　杨　梅（深圳实验幼儿园）

总 序

幼儿园区域活动的多元化探索

近二十多年来，区域活动或活动区教学作为我国幼儿园课程的重要组成部分，在幼儿园日常教学中的地位日益增强，许多幼儿园纷纷探索有效开展区域活动的策略和方法。更值得关注的是，一些幼儿园园长和老师已经开始不再简单借鉴和模仿欧美国家幼儿园区域活动的经验，而开始把目光投向区域活动或活动区教学背后的教育哲学和教育理论问题，关注其知识基础和价值诉求，开始走向一种反思的、儿童中心的教育实践。

作为一种舶来品，幼儿园"区域活动(learning centers activities)"或"活动区"具体是何时、由何人引入我国似乎很难看到确切的说法。活动区"为幼儿提供自主选择的机会，与他人一起工作，参与实践活动，并充分参与学习"[1]，而对于此类活动区，"北美儿童教育机构（包括婴幼儿教育机构）使用比较普遍的是'学习中心（learning centers）'，不论是教育部门文件还是教科书以及学术著作都更多地使用这个概念。"[2]而我国引进这种基于区角的自由活动形式（center-based free play）并命名"区域活动"，又叫区角活动（area activities）。为便于了解，我们这里列举一些比较具有代表性的界定："所谓区域活动或活动区活动，指的是这样一种活动形式：教育者以幼儿感兴趣的活动材料和活动类型为依据，将活动室的空间划分为不同区域，让他们自主选择活动区域，在其中通过与材料、环境、同伴的

---

[1] M. Bottini, S. Grossman. Center-Based Teaching and Children's Learning: The Effects of Learning Centers on Young Children's Growth and Development. *Childhood Education*, 2005,81: 274–277.

[2] 黄进. 幼儿园区域活动的来源与挑战［J］. 学前教育研究，2014 (10).

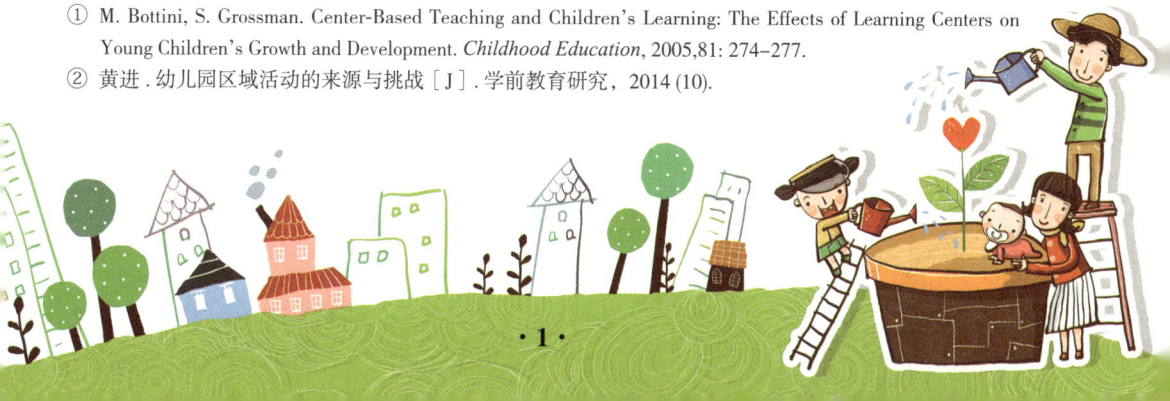

充分互动而获得学习与发展。"①或区域活动"即学习中心、兴趣中心活动，它是教师从儿童的兴趣出发，为使儿童进行高效学习、获得最佳发展而精心设计的环境，儿童可以自由地进出各个区域，开展游戏活动。"②显然，区域活动是幼儿园采用的一种积极的、以儿童为中心的、分布式和个别化的教育教学形式，同时也是幼儿一种重要的自主活动形式。具体而言，区域活动必然表现为教师在一定的时间和空间内设置各种区域（角），如美工区、益智区、沙水区、角色游戏区、积木建构区、操作区、科学区、图书区等，提供或投放各种游戏或学习材料，幼儿在一定程度上可以按照自己的兴趣、意愿和需要选择活动内容和方式，彰显了幼儿的主体性、主动性。因此，区域活动能够弥补传统幼儿园集体教学的不足，给幼儿提供有针对性的、个别化的教育，从而真正关注并尊重幼儿的个别差异；让儿童在与周围环境的相互作用中进行自主学习与探索。幼儿园区域活动的有效开展对贯彻《3—6岁儿童学习与发展指南》，促进幼儿主动发展具有重要意义。无怪乎华爱华教授说："值得欣慰的是，我们至少找到了一种有别于中小学的课程组织的特殊形式，那就是'活动区'。幼儿园的教育是以游戏为基本活动的，这可与以上课为基本形式的中小学教育区分开来，从而真正体现学前教育的特殊性。"③

区域活动或活动区教学背后确实蕴含着深刻的教育哲学和教育思想内涵，以及教育制度沿革、嬗变等问题。区域活动或活动区教学的组织与实践不仅挑战了"我们关于学习和游戏的理解，也挑战了我们一日活动的组织形式以及课程展开方式，还挑战了我们的评价观念"。④更加关键的是，区域活动的组织与实践挑战了以课堂集体授课和分科教学为主的传统幼儿园教学方式，"是一种尊重每一个儿童的学习进度、学习风格和学习节奏的教学方式"，⑤使幼儿教育真正有别于以上课为基本

① 冯晓霞.幼儿园课程［M］.北京：北京师范大学出版社，2001:259.
② 李生兰.美国学前教育机构的区域活动及思考［J］.幼儿教育，2002(10):16.
③ 华爱华.从学前教育改革与发展看幼儿园活动区活动［J］.幼儿教育（教师版），2012(8).
④ 黄进.幼儿园区域活动的来源与挑战［J］.学前教育研究，2014 (10).
⑤ 霍力岩，齐晓恬.区域活动的本质［J］.幼儿教育，2009.

形式的中小学教育，也使我们的园长和教师在儿童观、教育观、知识观和学习观等方面做出根本改变。今天的幼儿教育工作者越来越深刻地意识到："孩子们学习最重要的东西时，不是通过教师的传授，而是通过自己在与物理世界和其他孩子互动过程中构建知识，以及通过游戏的方式来实现的。"[1]这也许恰恰是区域活动的最大价值所在。应该看到，区域活动或活动区教学提供了一种幼儿园学习领域的自然整合，即整合社会性、情感和动作学习，以及认知和学业学习。这种整合在教师指导的集体教学中是难以实现和保持的。区域活动特别是其中的游戏和社会互动"有助于平衡个别儿童的学习，提供孩子在自己水平上和所需的强度，以支持他们自己的学习"。[2]设计良好的区域活动环境能同时满足不同儿童的多样化的发展需求，这样的区域活动环境无疑是对每个孩子的发展需要和兴趣的最自然的回应。

最后，区域活动或活动区教学的组织与实践是对传统幼儿园空间和时间的重构，是幼儿园空间生产区别于学校（小学、中学和大学）空间生产的重要方面，强调和关注区域活动需要我们摒弃教师中心和学科中心的教育理念和教育方式，更加关注师幼互动和幼儿之间的互动，以及幼儿对材料的实际操作。实际上，"活动室空间的区域化以及区域活动的组织，对幼儿园教师和教育管理部门都提出了十分严峻的挑战。它不仅如上所述挑战了我们关于学习和游戏的理解，也挑战了我们一日活动的组织形式以及课程展开方式，还挑战了我们的评价观念。"[3]

目前来看，幼儿园区域活动或活动区教学的理论研究依然非常薄弱，所涉及的复杂而深刻的哲学、社会学、心理学、政治学和语言学问题基本没有被触及，根本无法满足一线教育工作者的需要。许多区域活动开展得比较好的幼儿园也是知其然，不知其所以然，不能很好地将实践经验汇聚，提炼为较为系统的准理论。实际上，幼儿园区域活动理论研究不仅需要发展心理学、教育心理学、环境心理学和幼儿教育学等学科理论的支持，同时，也需要人类发展生态系统理论、游戏理论、活

① E. Jones，G. Reynolds. The play's the thing: Teachers' roles in children's play.
② D. Bergen. Play as a Medium for Learning and Development.
③ 黄进. 幼儿园区域活动的来源与挑战［J］. 学前教育研究，2014(10).

动理论、动力系统理论乃至建筑学、儿童地理学、空间分析、儿童社会学、儿童人类学、巴赫金的对话理论、交往互动理论和自组织理论等等的指引。

其实，"幼儿园"（kindergarten）这个幼儿教育机构名称本身指代的既是具体的空间和时间范畴，同时更是空间和时间的隐喻。"幼儿园=儿童的花园"，在这个花园里，幼儿可以无拘无束，自然地生长，而教师就是辛勤的园丁。"幼儿园"以及相关的隐喻构成了幼儿教育的根隐喻，我想今天的教育工作者仍然可以从福禄贝尔等自然主义教育思想家的理想中吸取营养。应该说，早期的幼儿教育思想家们当时就已经深刻地意识到幼儿教育和其他学段教育的根本区别，福禄贝尔就不愿把自己创办的机构叫做"学校"，而空想社会主义者欧文创立的"幼儿学校"称呼并没有流传下来，背后的历史和思想博弈反映了幼儿教育的特殊性和复杂性。"幼儿园"从内生意义上来讲是自然的、生态的。然而，随着时代的变迁，"幼儿园"从"花园"隐喻也逐渐开始向学业机构转变。进一步说，分析幼儿园的沿革和发展不能不涉及整体社会空间和时间（历史）的演变，同时，也必须以幼儿园教育空间的重构的微观分析为核心。我们提倡"区域活动或活动区教学"并不是把它与"集体教学"对立起来，也并非完全摒弃集体教学，而是在本土化基础上寻找现代中国幼儿园空间与时间的重构。

改革开放以来，广东特别是珠江三角洲一直作为试验田和排头兵在国家的经济社会发展中起着独特的作用。伴随经济发展、特区建设和迅速的城镇化，大量外来人口流入，广东的学前教育也经历了蓬勃发展的过程，特别是上个世纪八九十年代全国各地一大批优秀园长和幼儿教师的调入，以及本地优秀园长和教师的成长，形成了广东学前教育事业兴旺发达的局面。作为一个学前教育理论工作者，我也是这个过程的见证者。在与广东各地幼儿园园长交流探讨的过程中，我也深切感受到许多优秀园长有着丰厚的经验积累和深刻、敏锐的专业领悟。同时，近年来，不少园长也不约而同地向我提出了一个要求，希望能在区域活动或活动区教学的理论上给予她们帮助和引导。正是在这样的背景下，由广州东方红幼儿园、广州市第一幼

儿园、广州黄埔区香雪幼儿园、深圳实验教育机构幼教中心、深圳实验幼儿园、深圳梅林一村幼儿园、佛山市机关幼儿园、佛山南海师范附属幼儿园、深圳蓓蕾幼儿园等园所组成的一个松散而开放的学习共同体——"广东省幼儿园区域活动研究联盟"应运而生。《幼儿园区域活动的多元化探索》丛书则是由我向联盟园倡议的，对各联盟幼儿园区域活动的多元化经验进行初步梳理和提炼的结果。

在广东幼教界，广州越秀区东方红幼儿园是区域活动开展得最早的幼儿园之一。早在1989年，王致青园长从美国访学归来就开始在全国率先探索活动区教育，改革了传统的以上"课"为主的教学模式。26年来，东方红幼儿园的老师们坚持不懈，一直专注于探索以活动区教育为特色的儿童主体课程，她们以"面向全体、全程育人、全面发展"为教育原则，通过创设宽松愉悦的氛围，提供丰富多彩的操作材料，利用灵活多样的活动形式，满足幼儿发展的不同需要，充分彰显幼儿的个性，使拥有不同特质的孩子们都能得到最适合其自身的发展，致力实现"家园共识、共建、共享，孩子与成人共同成长"的办学理念。她们奉献的《全课程区域活动——幼儿园活动区教育解决方案》以"温馨"的家为基调，通过详尽阐述东方红幼儿园活动区的教育理念及发展历程，活动区环境创设，活动区学具的设计、制作、投放、收藏与管理，活动区的组织与指导，活动区的观察与评价，活动区的教研活动组织六个部分，为大家展示东方红幼儿园一直坚守的尊重幼儿，以幼儿为本的幼儿园课程建构。

《共享区域活动——幼儿园"共生课程"特色实施模式》是深圳实验教育机构幼教中心奉献给大家的佳作，该书作者深入阐述了"共享区域活动"的概念、源起、内涵以及具体实践，倡导"共享区域活动"作为游戏活动的价值，主张在"共享区域活动"中让幼儿自主游戏和自由发展，期望"共享区域"的任一场馆都能促进幼儿全面发展。多年来，实验幼教中心在刘红喜主任的带领下，在推进传统区域活动研究的过程中先后生成了"年级公共游戏区"、"班级共享游戏区"，并在区域空间共享的基础上，提出了让时间、材料、计划、经验、活动等在年级组共享的

"共享区域活动"的思路与做法，值得推荐。

《幼儿园户外混龄区域活动——幼儿体育活动新探索》是佛山市机关幼儿园的经验结晶。聂莲园长和老师们秉承"自然·爱·悦·梦想"的办园理念，将区域活动作为串联教育活动、生活活动和游戏活动的一条主线，利用自身得天独厚的户外环境和场地资源，尝试将户外环境和区域活动进行融合，以混龄的形式进行活动的组织，在推进教育活动有效性、提高活动质量的过程中做出了新的尝试。她们结合幼儿年龄特点和大肌肉运动发展需要，将幼儿园户外场地进行不同功能的游戏区域划分，打破班级和年龄界限，以中、大班幼儿混龄的形式开展户外区域性体育游戏活动。教师到各个活动区域中进行游戏的设计与指导，幼儿可根据意愿自选区域、自愿选择老师、自愿选择场地、自选材料、自愿选择同伴开展自主的游戏活动。

深圳实验幼儿园的杨梅副园长和老师们经过多年的探索与实践，针对区域活动存在的诸多问题，形成了一套科学的、独特的、适宜幼儿个性化发展的教育理念和教学实践模式。她们在《自主、探索、合作——幼儿园区域创设及活动开展实践方案》一书中提出区域活动四部曲，即：选择环节——操作环节——整理环节——提升环节，真正做到让幼儿自由选择、自主实施、合作整理、整体提升。特别值得赞许的是，深圳实验幼儿园一直致力于将目前零散的、流于形式化的区域活动做一个系统的梳理，并在此基础上整合出一套完整的具有指导性作用的区域活动教学实践宝典。

《幼儿园学习环境创设与实施——基于全环境支持系统的实践》是深圳梅林一村幼儿园姚艺园长和老师们奉献给大家的精品。该书立足全环境课程支持系统背景，重点介绍区域环境创设与使用，其中分区域概念、区域环境创设原则、各个活动区域划分、区域材料提供和使用以及在区域活动中开展儿童的游戏与学习的观察案例等内容都是梅林一村幼儿园一线管理者与教师多年实践经验的整理与提炼。通过详细地阐述在区域活动中教师如何有效利用环境完美地统整、融合"教与学"，如何开展教学与游戏，如何理解儿童的学习与发展等，充分展示了"以促进儿童主

动学习为宗旨"的价值观在教育实践中的融入。

广州香雪幼儿园是典型的城中村幼儿园,生源参差不齐,给教育带来了一定的难度。多年前,该园王秋老师成立了课题研究团队,以建构游戏为载体进行大型户外区域活动探索,希望凭借户外区域大量丰富多元的教育环境与材料给孩子提供学习与发展的助力。在数年的实践研究中,她们的努力获得了回报,《幼儿园大型户外建构游戏——从游戏走进学习》就是她们成果的汇聚。在有限的时间里,孩子们拥有了无限成长和发展的机会,孩子们的学习品质在一点一滴的户外区域活动中慢慢由量变达到质变,每位孩子都在原有水平上得到提高。在户外区域活动中,一方面孩子们更快乐、更开心,充分展现了孩子们热爱游戏的天性,实现了快乐学习、体验学习和合作学习。另一方面,大型户外建构区域活动对教师的专业成长也不无裨益,因为没有教材,没有模板给教师参照,老师们需要学会观察,学会指导,这对老师是一种新的挑战。因此,大型户外区域建构游戏在促进孩子发展的同时,也促进了幼儿教师的专业成长。

《幼儿园里的"快乐小镇"——幼儿园社会实践区域活动探索》是佛山市南海师范附属幼儿园开发的自主区域游戏的形式之一,它集合了大区域、小区域的优势,把游戏与幼儿的生活与学习直接联系、整合起来,使游戏回归生活,让幼儿在体验中获得生活经验、社会经验。每两周一次的全园快乐小镇活动无疑是整个南师附幼的"狂欢节",幼儿、家长、老师乃至幼儿园的后勤人员都沉浸在活动带来的欢乐中。同时,"快乐小镇"活动实实在在地促进了儿童的发展。这才是充满快乐和激情,同时具有极大教育价值,名副其实的快乐小镇!

两千多年来,大陆文明和海洋文明的交汇塑造了岭南文化开放、包容、多元、务实的特点。改革开放以来的广东人更是进一步将低调、务实、不喜空谈的作风发扬光大,创造了社会经济建设的辉煌。作为整个生态系统的一部分,广东学前教育界无疑也具有这样的特点,很多幼儿园园长敏于行而讷于言,善于创新却拙于总结,擅长于做事而拘谨于表述,经验丰富却理论欠缺,热爱学习又容易被忽悠(误

导）。实际上，许多园长也越来越意识到这个问题，也在探索解决的途径，从她们对区域活动或活动区教学背后的教育哲学和理论问题的关注就可以看到这一点。当然，我们并不是主张每一位园长和教师都要有著述，而是提倡有能力、有条件的园长和教师通过教研活动不断梳理、提升自己的教育经验，从而给自己的"默会的教育知识和实践性知识的提升创造机会和条件，批判和提升已有实践性知识，使之积淀、融汇和升华为真正的实践智慧"。[1]

《幼儿园区域活动的多元化探索》丛书是梳理和提炼广东部分幼儿园在区域活动领域实践经验的初步尝试，编写者的经验和理论知识还有一定欠缺，其间之反复曲折更是一言难尽，今日成书殊为不易。丛书不可避免地还有许多遗憾和不足，需要今后通过进一步研磨、讨论和研究加以弥补和提升。最后，丛书编委会特别要感谢华东师范大学出版社，感谢出版社的赏识和信任以及为本丛书的出版付出的辛勤劳动。

华南师范大学教授

杨宁

2016年8月

---

① 杨宁. 论幼儿教师的默会知识与实践智慧 [J]. 教育导刊，2015(10).

序

当中国的幼儿教育逐步与世界接轨时，我国幼教工作者也开始重新审视原有的幼教模式，并尝试借鉴国际先进的幼教经验，将之本土化改造和运用，使其适合我国幼教改革的需要。幼儿教育除了关注幼儿园的硬环境以外，更应该关注幼儿园的软环境，也就是教师的实力。我们试图探索出一种既能让教师轻松开展，又能为幼儿所喜欢的活动，而区域活动恰是能很好满足两者要求的有效形式载体。

深圳实验幼儿园开展区域活动多年，在不断的摸索过程中积累了丰富的经验，可供幼教同行借鉴参考。接到撰写本书的任务，我们的老师非常兴奋，同时又有一定的压力，因为幼儿园老师往往擅长做，而不擅长总结，许多东西能在实际操作中运用得非常好，却很难用准确的文字表达出来。如何借助这样的契机提升老师们的专业能力呢？为了激发大家的热情，发挥老师们的强项和优势，我们决定让每个班级的老师分别承担自己"最有感觉"的区域进行撰写，同时去全园调查每个班级在此区域的优势，进行整合与二次提升。从前期的动员大会到中期的搜集资料、现场调研、经验交流，再到后期的书稿撰写，润色提升，全园的每位老师都参与其中，老师们慢慢进入状态，文字表达越发精准，同时通过查阅相关的专业书籍，并结合自身的实践经验，使本书兼具理论基础与实践过程。

关于如何开展区域活动，我们首先要考虑的问题是，如何满足孩子自由自主游戏的需要；尤其是在中国人口众多，班级人数多，师生比例失调的情况下，如何使区域活动适合本园的实际情况。我园有比较完善的整体硬件设施，因此，在继续深入研究区域环境的创设及区域活动的开展方面有一定优势。在探索过程中，我们不

再将区域当做单一的空间来发展，而是从综合层面进行把控，思考如何使整个区域活动成为一个综合的、相互促进的、完整的整体，并在此基础上进行区域的划分，细化每个区域的细节功能，将区域环境和规划做得更为精细。此外，我们尝试利用区域的空间功能，结合幼儿的实际需要，融合区域个别、小组、小集体活动的开展，这样大大减少了老师面向全体幼儿的大集体活动，让老师们能够更好地关注到每个孩子的个体发展。

区域活动中，老师的角色不容小觑。那么如何在区域活动中体现老师的专业性？最重要的也是最首要的事情，便是教师的观察。但这也是一直困扰很多老师的难题。区域中如何观察？观察什么？对观察到的现象如何跟进并采取措施？为此，我们尝试鼓励老师们用多种形式进行观察，有实录式、有案例式、有学习故事式……在这个过程中，我们并没有规定老师们必须用某种统一的形式去观察和记录，而是鼓励老师用不同形式体现出不同优势，我们还专门派老师到北京参加中国学前教育协会举办的学习故事的培训，为老师们提供多种值得尝试和探索的观察记录模式。因此，这本关于区域活动的书中也在观察记录方式上呈现出百花齐放的局面，希望能从不同的角度展示老师的有效观察及介入。

广东省幼儿园区域活动研究联盟成立，我园很荣幸成为其中的一员。在广东省多个优秀园所的交流过程中，大家互相借鉴，总结经验，一步步完善了每个园在区域活动探索过程中所积累的经验架构。在杨宁教授及研究生团队的帮助下，我们将区域活动的研究更进一步，这也是今天这本书成形的又一重要推力。

《自主、探索、合作——幼儿园区域创设及活动开展实践方案》这本书承载着老师们的点滴心血，也记录着孩子们在幼儿园生活的点滴，尤其是在区域活动中的精彩瞬间，有不为人知的专注，有积极探究的激情，有经历挫折成功的喜悦，有细致认真的坚持……这个小小的区域世界里，承载着孩子们大大的梦想。

过程是艰苦的，却又是充满收获的。我们在筹备编写此书的过程中，经历了迷茫、经历了困惑、经历了顿悟、经历了天天码字的煎熬，也收获了经验的总结与提

升、专业的快速成长、文字表达能力的突飞猛进……这些都是我们宝贵的财富。我们也希望这本书能够带给广大幼教工作者一些思考和启迪，希望有机会大家互相交流，共同促进！

　　感谢一直关注此书出版的杨宁教授团队，感谢默默为此书付出的诸多老师们，感谢所有愿意参与到此书征稿之中的家长朋友们。希望这本书的出版只是个开始，在将来我们有更多关于一线实践经验的实用好书不断推出，与大家分享，也期待得到幼教界的专家、教师的宝贵建议！

杨梅

2016.07

前言

　　如今的幼儿园课程，越来越重视幼儿的自主性及探索性，强调因材施教，尊重天性，打破传统的机械式、程序化的教育模式，尊重个体差异，发展个体的个性。随着差异化教育理念的深入渗透，区域活动作为幼儿园课程的重要组成部分，在幼儿园日常教学中的地位逐渐增强，教育学者们开始探索区域活动的开展形式，以及如何创设区域的环境，如何透过区域去发现幼儿个体的亮点，鼓励幼儿、支持幼儿，进而探索出一套适用于我国幼儿园自主区域活动的完整课程体系。

　　深圳实验幼儿园在多年的区域活动探索过程中，借鉴了高瞻课程的理念，经过不断地实践、反思、再实践、再反思，逐步积累经验，形成了具有本园特色的区域四步骤：选择—操作—整理—提升，总结提炼出在四步骤中教师扮演的角色，作为教师指导区域活动的指引，更好地支持幼儿的自主学习，发展幼儿的潜在能力，对于在区域活动教师的指导有一定的实践意义。

　　本书对区域环境创设进行了一些思考，如：将区域进行细分，创设同一区域下的子区域，满足幼儿不同能力与发展的需要；对每个区域的子区域投放的材料进行了分类归纳与总结，形成了一套材料投放的参考范本；不同区域的细节布置，可以透过环境的隐性作用来影响幼儿的操作，减少教师的高控；同时对利用区域空间满足个别学习、小组活动、集体学习的多种形式的学习方式做了大胆的尝试和实践，也呈现出了一些展示案例及活动方案。

　　此外，区域活动中教师的观察、分析、支持，也是后续区域环境创设及材料投放的重要依据。本书也呈现了多种观察与评价幼儿的方式，如：通过案例实录呈现

幼儿的行为与发展，在持续的区域活动中支持幼儿的行为；通过活动展示来展现区域环境创设支持幼儿活动的机会，大大扩充了区域活动功能，体现幼儿在过程中的收获与发展；通过"学习故事"呈现幼儿在区域活动中得到的过程性评价，让教师学会发现幼儿在区域活动中的"WOW"时刻、闪光点，去赏识幼儿，进而激发幼儿积极探索的意识，增强幼儿自信等。多种形式的观察记录及评价方式也会给各位读者带来不一样的思考。

　　本书中所有区域活动的环境创设及材料投放、活动的组织与实施过程、多种形式的观察记录及评价方式，均来自工作多年的一线教师丰富经验的积累，希望能给广大幼教界同仁一些启发，当然，因为所处地理位置不同，在生活方式、语言环境等文化层面存在一定的地域差异，在具体的实施操作中，可适当调整以便更好地运用。

编者

2016年7月

目 录

第一章　Magic 小厨师

第四章　缤纷乐园

第五章　小小探索家

第六章　智慧小书虫

第七章　小小建筑师

第八章　区区大事儿

第一章

Magic 小厨师

大眼看区域

★娃娃说

娃娃A：生活区就是我们快乐的小天地，在这里可以像爸爸妈妈一样做好吃的东西。

娃娃B：生活区可以玩扣扣子的游戏，还可以玩叠衣服的游戏。

娃娃C：我想去生活区做蛋糕，做一个草莓味的蛋糕。

娃娃D：生活区就是可以在里面做好吃的饭菜。

★师说

生活区是一个可以让幼儿学习一些简单的、基本的生活技能，发展他们动手能力，让孩子轻松、快乐地进行各种生活体验的区域，是一个小型的"生活空间"。作为"日常生活"的缩影，内容应取之于幼儿生活，服务于生活，幼儿可以在这里进行各种生活技能、技巧的练习和各种实践操作活动。在生活区里，可以进行穿、脱、叠、洗等生活技能、技巧的学习和练习，也可以进行各种生活小体验，如：做蛋糕、烤面条、榨果汁等。孩子通过这些活动，最终可以"爱生活、会生活、乐生活"。

第一节 DIY生活馆——环境创设与材料投放

正所谓"环境是最好的老师"，它能让幼儿获得经验、建构自信、发展自我。要让幼儿的学习能够更自主、更愉悦，让他们"不由自主"地喜欢上这个区域操作，生活区域环境的布置不容小觑。

一、生活区的环境设置

（一）生活区设置的原则

（1）生活区需提供真实的、来源于生活的材料供孩子操作。

（2）生活区的布置要具有温馨感和可操作性，还需靠近水源，方便幼儿操作。

（3）可以离表演区、建构区等区域近些。

（4）提供可以让幼儿操作的围裙、手套等生活辅助用品。

（5）要有适当的安全提示，电器类用品的摆放要与幼儿保持安全距离。

（二）创设幼儿喜爱、便于互动的环境

1. 创设深受幼儿喜爱的环境

兴趣是最好的老师，孩子对环境的喜爱会直接影响到他对事物的兴趣。作为教师，结合孩子的兴趣特点，应该有侧重地投放适宜该年龄段孩子操作的材料。

针对幼儿不同阶段的不同兴趣，在开设生活区的过程中可以按照不同主题设置成不同类型的"生活馆"，如：插花屋、烹饪馆、裁衣坊、缝纫坊、面条馆、蛋糕店、水果店、馄饨店、清洁屋、项链馆等。

比如，开学初举行的"DIY蛋糕"亲子活动，引起了幼儿对"烹饪"的极大兴趣。当幼儿在生活区操作的过程中，拿起生活区展示板上的"蛋糕模型"，聊起与"DIY蛋糕"相关的情景时，老师们及时抓住机会，将生活区打造成"百变厨房"，并以"美味蛋糕"为切入点，大大引起幼儿操作的兴趣，激发了他们选择生活区的主动性。

图 1-1-1　生活区整体环境　　　　　　图 1-1-2　生活区一角

2. 创设促进幼儿积极参与的环境

《幼儿园教育指导纲要（试行）》（以下简称《纲要》）指出："幼儿园的空间、设施、活动材料应有利于引发、支持幼儿游戏和各种探索活动，有利于引发、支持幼儿与环境之间积极的相互作用。"幼儿是环境创设的主体，幼儿参与环境的创设可以大大提高幼儿学习的主动性。如何体现幼儿对环境的参与性呢？我们以烹饪馆的环境创设为例进行说明。

首先，在生活区工具、材料的投放上面，发动家长将家中闲置的电器、厨房用具带来。一方面，熟悉的材料可以激发幼儿操作的欲望；另一方面，幼儿在已有经

验的基础上操作起来更加熟练，容易获得成功的体验，这种成就感会直接提升幼儿参与的积极性。

其次，开展"今天我当家"活动，请带来新材料、工具的幼儿向其他同伴进行介绍。在这个过程中，幼儿得到语言表达方面的煅炼，增强了集体意识，也让其他幼儿知道了工具的用法和作用。

最后，要在环境布置中呈现幼儿制作蛋糕、面条的照片，并根据不同主题定期更换照片，让孩子能够在生活区找到自己的身影，有家的感觉。

二、生活区的规划与分类

研究证明，幼儿是以形象思维为主，即根据事物的表象进行思维、想象、操作的。这就要求我们在创设环境的过程中要遵循孩子的发展特点，打造直观、清晰、一目了然的学习环境。生活区的工具、材料应摆放固定，区域标识要清晰明了，一一对应，这样幼儿就可以根据图文对应的方式，"知道东西哪里拿，拿了归还到哪里去"。

在"Magic小厨师"主题生活馆的区域划分上，按照"真实厨房"的陈设规律，将生活区划分为：清洁区、材料区、工具区、操作区四个小区域。各区域中的工具、材料摆放标识清晰，并遵循"方便幼儿取放及操作"的原则进行投放。如下图所示。

图 1-1-3　清洁区

图 1-1-4　工具区

图 1-1-5　五谷杂粮等真实材料

图 1-1-6　水果等真实材料

图 1-1-7　食品操作区

图 1-1-8　其他操作区

图 1-1-9　物品和图标——对应

图 1-1-10　电器和图标——对应

图 1-1-11　分类摆放——液态材料

图 1-1-12　分类摆放——固态材料

表 1-1-1　"Magic 小厨房"材料投放的依据、意义和幼儿发展

子区域	投放原则	投放意义	幼儿发展
材料区	1. 固态、液态材料分类摆放，并注明名称、有效期； 2. 常温、冷冻材料分开放； 3. 放入冰箱的材料要定期检查，避免食材过期	1. 培养幼儿"物归原位"的习惯，知道不同的材料有不同的贮存方式； 2. 知道有效期的含义	1. 知道什么是一一对应，初步了解物品分类； 2. 了解日期、时间的概念
工具区	1. 常见工具、专用工具分类摆放； 2. 针对具体操作制作"流程图"，帮助幼儿自主操作	1. 知道一些常见的厨房工具的名称、功能，并初步掌握使用方法； 2. 通过看流程图，能自主操作，将流程图广泛应用到其他区域以及现实生活中去。如"种植区"可以阅读"种植流程图"，外出旅行可以阅读"导游图"等	1. 通过量勺等工具了解量的概念； 2. 通过看流程图，能自主操作，提高读图能力
操作区	食品、生活体验操作分开，设两个操作区：一个是食品专用，一个是供生活区其他操作专用	满足不同幼儿的操作兴趣，满足不同材料的卫生要求	1. 初步掌握各种食品的制作方法，知道煎、煮、蒸、烤等烹饪方法； 2. 通过操作，锻炼精细动作，提升手眼协调能力
清洁区	1. 投放小抹布、洗洁精等用于清洗的材料； 2. 以流程图形式呈现清洁过程	1. 知道怎么清洗餐具； 2. 自己动手劳动，节约用水	1. 清洗过程中锻炼劳动技能； 2. 提升自我照顾和服务能力

三、生活区材料的选择和投放

　　幼儿的学习是以直接经验为基础，真实的材料可以让幼儿更直观地认识材料，掌握操作的方法，所以生活区应尽可能提供真实的、可供幼儿进行多种生活实操体验的工具和材料。

　　在材料选择和投放上，可以从"自我照顾"、"精细动作"和"烹饪本领"三

方面去选择和设置，提升幼儿自我服务、照顾他人、发展精细动作，进而增强热爱生活的能力。

（一）锻炼"自我照顾"的材料

小班幼儿刚刚进入集体生活，在家里大多是家人包办，过着"衣来伸手、饭来张口"的日子。为使刚入园的幼儿尽快学会自己照料自己，养成良好的自我服务习惯，生活区里应该投放可以煅炼孩子照顾自己、提升自我照顾能力的材料。比如提供鞋带、衣服、裤子等，让幼儿练习拉拉链和扣纽扣，提高自我生活服务能力。大致可从穿、脱、叠、洗、吃、系（扣）这六大方面去安排，分真实类材料及玩具类材料去准备，并辅以"操作流程图"的方式出现。

表 1-1-2　基本生活自理能力提升练习的材料

能力类型	真实的材料	玩具类材料
穿	衣服、裤子、袜子	可穿、脱衣服的芭比娃娃、小公仔、小动物玩具等，蒙台梭利学具——衣饰筐等
脱	衣服、裤子、袜子	
叠	衣服、裤子、袜子、围巾、毛巾、帽子等	
洗	衣服、裤子、袜子、围巾、毛巾、帽子、水果、蔬菜等	水果、蔬菜模型
吃	真实的食材、用具：碗、勺、筷子、杯子	"喂娃娃吃饭"的玩具
系（扣）	鞋带、扣子、带拉链的衣服、系腰带的裤子	穿线板、娃娃穿衣的玩具

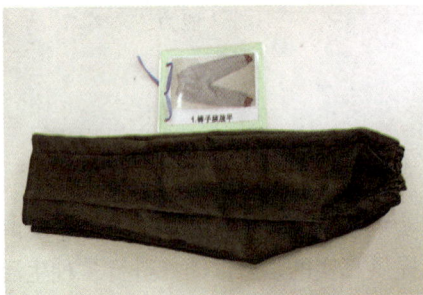

图 1-1-13　真实的裤子

图 1-1-14　真实的衣服

图 1-1-15　练习清洗的果蔬模型

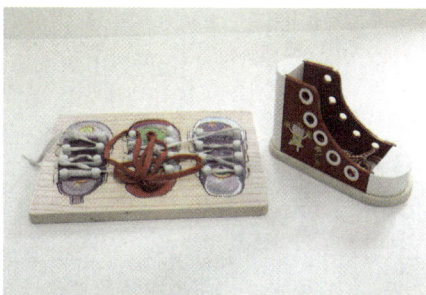

图 1-1-16　练习系鞋带的玩具

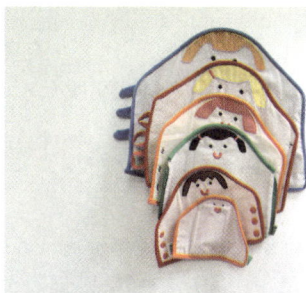

图 1-1-17　练习扣 / 系的套娃

图 1-1-18　练习洗、穿的玩具

（二）提升"精细动作"的材料

幼儿精细动作的练习可以促进幼儿心理、生理等多感官的发展。

精细动作一般指手上的小肌肉动作，包括：捏的动作、握的动作、抓的动作、旋转的动作，还有串、切、撕、推、刮、弹、穿、剥、切、舀、托、扭、拧、拨、压、挖等。

表 1-1-3　典型的精细动作练习类材料

精细动作	材　料	玩　法
捏	海绵、锡纸、橡皮泥、轻黏土等	1. 用两个不同的碗装好大米（豆类），用捏、抓、舀的方式将材料从一个碗运输到另外一个碗里面； 2. 用捏、抓、舀的方法将棍、棒、线条等物品移动
抓	大米、小米、黑米等各种谷类；黄豆、绿豆、黑豆、红豆等豆类；珠子、木棒、棍子等	
舀	大米、小米、黑米等各种谷类；黄豆、绿豆、黑豆、红豆等；花生仁等	

精细动作	材 料	玩 法
切	苹果、香蕉、橙子、柠檬、雪梨、草莓、西瓜、苹果等水果及萝卜、芹菜、葱、蒜等易切蔬菜	用安全水果刀将水果、蔬菜等分或不等分切开，为班级水果餐服务
压	面粉、大蒜、花生仁、芝麻等食材；橡皮泥、印画印章等可以进行压、按的工具	借助模型，用"按压"的方式对材料进行再造练习
剥	葵花子、花生、开心果、瓜子等带壳的坚果	将坚果的外壳用手剥掉
撕	各种纸（报纸、卡纸、皱纹纸）	将纸、水果等材料撕成需要的形状
串	纽扣、珠子、空心棒、大小线条、棉绳等	将各种材料用绳子串起来
拧	毛巾、衣服、裤子等可用于清洗、拧干的物品；棉花糖机等需要用"拧"的方式进行造型的材料	用拧的方式将材料进行清洗、再造型
刻	白萝卜、红萝卜、西瓜等可用于雕刻的材料	尝试在材料上刻出不同的形状、图案

图 1-1-19　练习舀、倒的材料

图 1-1-20　练习刷的材料

图 1-1-21　练习夹的材料

图 1-1-22　练习捣的材料

图 1-1-23　练习倒的材料

图 1-1-24　练习剥的材料

图 1-1-25　练习串的材料

图 1-1-26　练习切的材料

（三）尝试"生活烹饪"的材料

在"Magic小厨房"的体验活动中，应该尽可能多地提供真实的材料让幼儿去体验、操作和掌握。真实的材料制作可以让幼儿在短时间内品尝到自己的劳动成果，从而提高幼儿参与的主动性和积极性。

烹饪材料的投放应遵循一定的规律，可将同一个主题所需的材料放在一起，或将作用相同的工具放在一起，或按煮、蒸、炒、烤、焖、炸等不同烹饪方法去分期投入，或可以按不同主题进行投放。

例：如按不同的主题投放以下材料：

"榨果汁"的材料：苹果、香蕉、橙子、柠檬、雪梨、草莓等各种水果。

"做蛋糕"的材料：鸡蛋、泡打粉、坚果、奶油、芝士、水果酱等。

"做布丁"的材料：酸奶、布丁粉等。

"做面条"的材料：面粉、各种青菜叶、油、盐等。

表 1-1-4　常用的厨房烹饪用具

类别	工具	用途
电器类	电饭锅、电磁炉、果汁机、水果刀、料理机、酸奶机、面包机、烤箱、手动榨汁机等	对食物进行煮、蒸、炒、烤、焖、炸
器皿类	各种碗、碟、杯、盘、盆、保鲜盒、密封盒、密封罐等	盛装各种食物
工具类	铲、蛋糕托盘、夹子、勺子、筷子、量勺、打蛋器、分离器、砧板、隔板、隔热垫、水果刀等	将食物进行敲、打、压、揉、按、切等；或盛装物品，保护安全用品等
辅助类	插线板、隔线盒	避免幼儿操作过程中触电，造成安全事故

图 1-1-27　真实的烹饪电器——电饭锅、料理机等

图 1-1-28　真实的烹饪电器——电磁炉、烤箱等

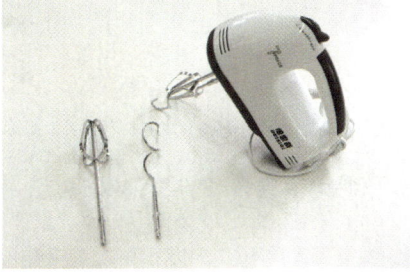

图 1-1-29　电动打蛋器

图 1-1-30　手动打蛋器

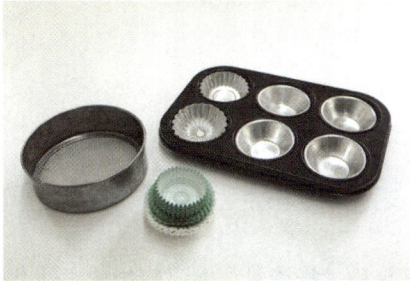

图 1-1-31　制作蛋糕的模具

图 1-1-32　制作饼干的模具

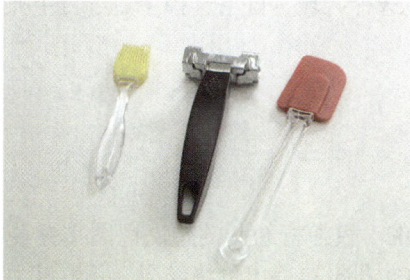

图 1-1-33　制作蛋糕的工具

图 1-1-34　擀面棒

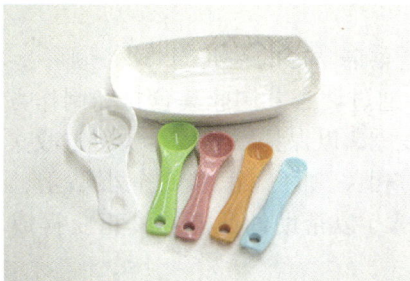

图 1-1-35　大小不一的量勺、鸡蛋分
　　　　　离器

图 1-1-36　各类勺、铲

表 1-1-5　常用的烹饪材料

类别	材　料
主食类	大米、小米、黄豆、绿豆、红豆、黑豆、小麦、面粉、花生、玉米等
佐料类	油、盐、酱油、白醋、陈醋、沙拉酱、白糖、生粉、胡椒粉、茶籽油等
坚果类	葵瓜子、花生、开心果等
水果类	苹果、香蕉、橙子、柠檬、雪梨、草莓等

第二节　我的地盘我做主
——活动组织与实施

　　《3—6岁儿童学习与发展指南》（以下简称《指南》）中明确指出"幼儿是学习的主体"，因此，在实际操作与实施的过程中，应充分尊重幼儿的"主人翁"地位，让他们真正成为活动的"主人"，自主选择区域、自主选择主题、自主操作、自主整理等。

一、确定主题，收集材料

（一）确定主题

　　主题是由教师组织幼儿进行讨论得出的。教师将幼儿的想法以图文并茂的形式做好汇总、统计和存档，讨论结束后，由幼儿投票得出最终结果，并由该主题的出发让幼儿在生活区的小黑板上画出下周"菜谱预告"。

（二）收集材料

　　主题确定之后，邀请愿意参与此主题菜谱学习的幼儿当"小厨师"，发放"下周菜谱材料收集表"，由幼儿与家长通过调查共同收集食材和制作方法。（注：食材需在正规商场购买，保留购买发票，以保证饮食安全）材料收集后，由小厨师向全班幼儿介绍此主题活动的相关烹饪知识和安全小贴士，号召大家踊跃加入。在此过程中教师适当介入，以帮助幼儿能够真正获得成功的体验。

图 1-2-1　介绍酸奶机的用法

图 1-2-2　介绍料理机的用法

图 1-2-3　幼儿参与环境布置

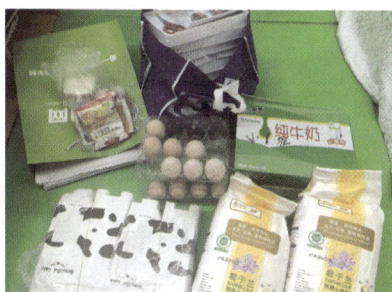

图 1-2-4　真实材料

图 1-2-5　教师组织讨论

图 1-2-6　下周菜谱预告

二、自主选择，动手操作

（一）自主选择

幼儿通过"挂牌"选择自己喜欢的区域进行操作，在晨谈等过渡环节，教师与幼儿轻松交谈，了解他们的计划，并以"优先计划小组"的形式保证每位幼儿一周至少有一次机会与他人分享计划。如：小班幼儿以"大家好，我是××班的××，我今天想去生活区做蛋糕"等句型介绍自己的计划。

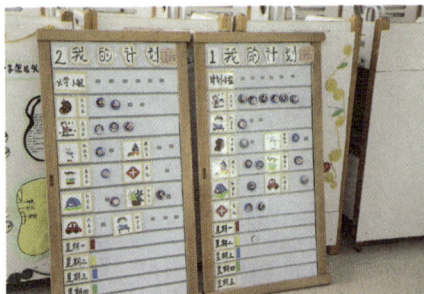

图 1-2-7　计划板的挂牌情况

图 1-2-8　幼儿选择区域

图 1-2-9　幼儿分享计划

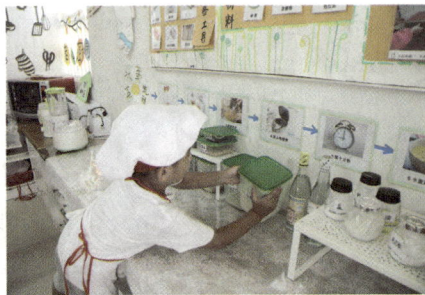

图 1-2-10　幼儿自取材料

（二）动手操作

传统教育观念中，对于新本领的习得，教师往往会手把手地去教。这样的教育方式使幼儿处于被动状态，缺乏学习的主动性。在生活区，我们将材料的操作过程以"图片"形式呈现，幼儿在操作过程中借助这些"流程图"掌握步骤方法，让幼儿直观地学习、自主地制作，增强了幼儿的动手能力和学习的主动性。

流程图上显示的具体操作步骤不是固定不变的，会根据幼儿不同阶段的能力水平来确定适合班级幼儿的操作步骤。

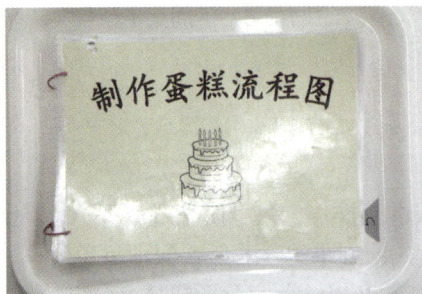

图 1-2-11　制作蛋糕流程图

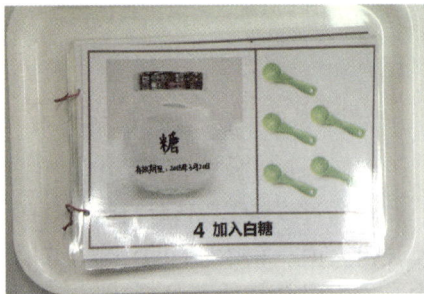

图 1-2-12　加入白糖的步骤示意图

图 1-2-13　搓汤圆流程图

图 1-2-14　蒸水蛋流程图

图 1-2-15　看流程图做蛋糕

图 1-2-16　看流程图蒸水蛋

三、合作整理、归放物品

　　区域活动时间一般在一个小时左右，教师会在结束前的五分钟敲铃提醒幼儿，并播放收区音乐，幼儿参照流程图，与小伙伴们分工合作整理，如：有的参照洗碗步骤洗碗，有的负责将物品归位……学会自己整理，服务他人。

图 1-2-17　参照流程洗碗

图 1-2-18　放回指定区域

四、互动总结、分享经验

区域活动结束后，教师组织"优先计划小组"的幼儿进行区域分享。优先计划小组的幼儿自主选择自己在区域活动中最有意义的1—2件事情或材料进行分享。幼儿可以直接借助作品或实物分享，教师可以通过区域照片回放的方式提示和辅助幼儿，鼓励其用流畅的语言进行表达。

图 1-2-19　分享在生活区做的面条

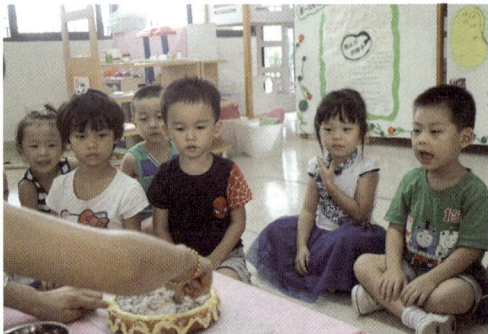

图 1-2-20　分享一起做的蛋糕

第三节　快乐"煮"章
——幼儿的发展和收获

《指南》提出，幼儿的任何活动及发展都应该是延续性的。幼儿在上一个活动获得的有效经验可以帮助其更好地开展接下来的活动。

一、锻炼生活动手能力

现在的幼儿基本上都是独生子女，生活自理能力比较弱。来到幼儿园之后，幼儿要开始学习自我照顾，这对他们来说是有一定难度的。因此，生活区对幼儿习得"生活自理能力"的培养起到关键作用，让幼儿体验到"服务自己、服务他人"的乐趣，提升了"乐享生活"的多元能力。

★活动展示：为自己穿衣

活动目标

1. 通过练习"给娃娃穿衣"，掌握穿脱衣服的方法。
2. 学会自己给自己穿脱衣服，体验"服务自己"的乐趣。

活动准备

娃娃穿衣的材料、真实的衣服。

活动过程

1. 在生活区投放"娃娃穿衣"的材料，娃娃身上的衣物可以脱下和整理，幼儿根据自己的兴趣选择该材料进行操作。

2. 幼儿成功为娃娃穿脱衣服后，及时邀请他们向其他人介绍，分享好的经验。如"正确的穿脱衣服的方法"。

3. 鼓励幼儿自己为自己穿脱衣服。

4. 开展"穿衣服比赛"，让幼儿获得"服务自己"的乐趣。

活动反思

幼儿的学习是通过"观察—模仿"来实现的。"娃娃穿衣"的投放，让幼儿有机会去尝试如何"穿脱衣服"，从而为"为自己服务"奠定了良好的基础，孩子最终获得了成功的体验。

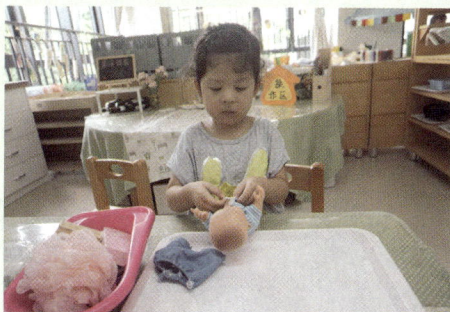

图 1-3-1　给娃娃穿衣

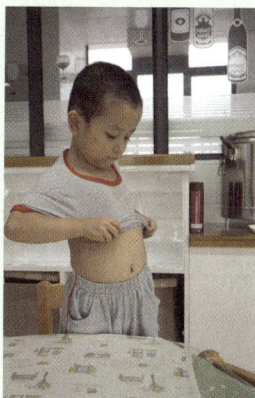

图 1-3-2　给自己穿衣

★活动展示：为午餐出力

活动目标

1. 练习剥蒜、捣蒜，发展小肌肉动作。

2. 通过帮助厨房剥蒜、捣蒜，体验服务他人的乐趣。

活动准备

蒜、捣盅、干净的器皿或保鲜盒、记录纸。

活动过程

1. 在生活区投放"剥蒜"工作所需的材料，包括完整的蒜头、捣盅、小碗，幼儿可根据自己的兴趣选择材料进行操作。

2. 将剥好的蒜拿出来跟全班幼儿进行讨论：这些蒜头可以用作什么？怎么样利用这些蒜头才能发挥其最大的作用？并用记录纸记录下幼儿的谈话。

3. 根据幼儿提出的建议去实施，实行后再次讨论、分享。

4. 建立"服务他人"的意识，鼓励幼儿将剥好的蒜、捣好的蒜泥送往厨房，为全园午餐出一份力。

活动反思

幼儿一开始捣蒜泥仅是为了好玩，剥完后在捣盅里捣烂，然后倒到垃圾桶。在这个过程中，幼儿的小肌肉是得到了发展，但也形成了一定的浪费。在发现这个问题的时候及时与幼儿进行讨论："我们捣好的蒜还可以用来做什么呢？"把问题抛给幼儿，让他们真正参与到活动中，做活动的主人。经过这样的活动，孩子们的思维更加开阔，参与性更强。"服务他人"所获得的快乐使他们越发愿意"服务他人"。

图 1-3-3　从厨房取蒜

图 1-3-4　剥蒜送厨房

★学习故事①：我相信你能行

记录对象：丞丞　　　　记录者：王婷　　　日期：20××年×月××日　星期四

今天你来到了生活区，想做一个蛋糕。当你准备舀面粉的时候，在一旁的孩子突然说："丞丞，你不要自己舀面粉，上次你都撒到地上了。"孩子话音刚落，你把头低下。过了一会儿，你抬起头，小眼睛不停地看着我，似乎在告诉我你想试一试舀面粉。我把面粉拿到你面前，你一手拿起勺子，另一只手扶着碗，慢慢地一勺一勺地舀到碗里。当舀面粉的程序结束后，你脸上露出开心的笑容。我相信这时你肯定在品尝胜利的喜悦。

在这个故事中丞丞有可能在学些什么？

丞丞，你的勇气让我佩服，你的自信更让我惊叹。之前的一次不小心，旁边小伙伴的一句不经意的话语，不仅没有让你望而却步，而且你还总结了之前舀面粉的经验，知道要扶着碗，拿紧勺舀面粉才不会撒。

机会和可能性

在以后的生活中，我相信你肯定是一个敢于尝试的男子汉，相信别的孩子都能感受到你满满的正能量，相信你的自信会给你带来更多的收获。

家长的反馈

丞丞，你知道吗，我跟你妈妈说的时候，你妈妈脸上露出了美丽的笑容，她对我说很开心看到你大胆尝试，以后还要多多向你学习呢！

教师反思

克服心理的困难，需要一个强大的心理。丞丞做到了！回想起我的小时候，当遇到困难时，我总没有勇气去面对，久而久之，就会惧怕困难。丞丞自己能主动面对困难，真的很不错。作为他的老师，我也应该向丞丞学习，做一个充满勇气、自信的人，变成一个强大的人。

图 1-3-5　丞丞在尝试舀面粉

图 1-3-6　舀面粉成功，开心地笑了

---

① 学习故事（Learning Story）是由新西兰学前教育学者卡尔提出的。学习故事既是一种评价儿童的方法，也是一种研究方法。它是在真实情景中完成的结构性观察和记录，能提供一种反映儿童发展的持续性画面，能用来记录和交流儿童学习的复杂性。

★学习故事：豆子豆子，你快到杯里来

记录对象：子淇　　　记录者：王婷　　　日期：20××年×月××日　星期四

今天分区，你来了生活区。看了一圈，拿起舀黄豆的操作材料。一勺、两勺……你很快就把一杯的黄豆舀到另一个杯子里。你并没有把玩具送回家，而是把两个杯子的杯口连在一起，准备把黄豆倒过去。第一次倒的时候，黄豆洒落到盘子上。你重新调整了杯口，进行了第二次尝试。第二次倒豆子的时候，没有一颗黄豆洒落到盘子上。你开心地对我说："老师，我发现了，要盖紧了豆子才不会撒出来。"子淇，我为你的不放弃感到骄傲。

在这个故事中子淇有可能在学些什么？

子淇，你的不放弃，你敢于面对困难，并愿意去思考，凭借自己不断尝试达到最终目的，让我看到了你隐藏在内心的另一面——坚强。

机会和可能性

你勇于挑战困难，并具有不放弃的精神，我想这会让你在未来探索的路上越走越远。而我，更多时候需要变成一个支持你的人，在一旁挖掘你内心深处更多的力量。

家长的反馈

我把你玩豆子的过程拍给你妈妈看，她看到了你的表现，也很为你骄傲，并告诉老师："子淇的进步，真的让我又惊又喜啊！"

教师反思

生活区操作材料的投放，是基于提高幼儿自理能力这一目的。这样一次偶然的观察，不仅让我对生活区改观，更被子淇内心强大的力量所打动。虽然我只用了短短几行字来描述，但整个过程却持续了快25分钟。子淇一直没有放弃，想把所有豆子都运到另一个杯子里。这个操作材料对于我们成年人而言必然简单，但对于年仅四岁的孩子，难度却像一道墙这么高。可子淇没有因为困难而放弃，而是坚持自己最初的想法。坚持的难能可贵，并不是一言一语能表达出来，许多时候，孩子是我们的老师。

图 1-3-7　第一次尝试，
　　　　　掉豆子

图 1-3-8　观察，寻找
　　　　　方法

图 1-3-9　尝试成功

★学习故事：从开心果里剥出的画

记录对象：婷婷　　　记录者：孙赫阳　　　时间：20××年5月12日　星期二

分区时，你来到生活区剥开心果，一会儿工夫，小小的果皮盒里装满了开心果壳。你将开心果壳哗啦一下子倒在托盘里，摆出各种造型，一会儿是数字"7"，一会儿是娃娃脸。你为自己的创意感到开心，不停地和我分享你的乐趣。但是摆出来的"画"不能满足你对成就感的持久要求，你说你想到美工区将这些果壳粘起来，这样就可以保存你的劳动果实，这真是一个可以留住美丽画面的办法！于是，你端起果皮盒走到美工区，拿起一张蓝色的彩纸开始粘贴，没过一会儿，一幅漂亮的果壳粘贴画就诞生了！

在这个故事中婷婷有可能在学什么？

原本剥完的废料果壳在婷婷手里一下子变成了一幅美丽的粘贴画。我不禁为婷婷的创造力喝彩，但是更加值得我欣慰的是婷婷在无形中建立了变废为宝的意识。在粘贴的过程中，婷婷尝试各种胶水的性能，思考怎样将开心果壳贴牢，最终经过比较，婷婷发现特能胶水最合适。

机会和可能性

除了开心果的果壳可以制作拼贴画，还有什么果壳可以制作粘贴画呢？

除了制作粘贴画，果壳还可以有其他用途吗？

家长的反馈

下午放学的时候我将这件事转述给婷婷爸爸，爸爸非常高兴，爸爸说这是他见过最漂亮也是最有创意的粘贴画。征得婷婷同意后，爸爸说想把这幅画装裱起来，放在家里的客厅里，这该是一幅多么珍贵的画呀！

图 1-3-10　在生活区摆果壳

教师的反思

孩子的创造力是无限的！假如我们直接在美工区投放剥好了的果壳，在孩子眼里就只是一份材料而已，既起不到宣传环保的作用，又扼杀了孩子的联想力；如果在生活区直接告诉孩子果壳不要扔，可以制作手工，这样就属于传送二手经验。婷婷的行为也提示着我们，老师要做的是为孩子提供合适的创造条件，激发孩子的创作灵感，而不是提供材料，告诉孩子如何使用材料。

图 1-3-11　在美工区摆果壳

二、增强团队合作能力

（一）提供"合作"的机会

"合作"可以是幼儿两两合作，也可以多人合作，大家在同一时间内共同分工完成同一件事情。如"制作包子"这个烹饪主题活动中，幼儿可以分工合作，剥花生、舀花生仁、和面、擀皮这四个步骤会分别由不同的幼儿来完成，最后一起再来包包子。

★学习故事：蛋糕合伙人

记录对象：咖喱　　　记录者：王婷　　　日期：20××年6月23日　　星期二

今天你早早地来到了生活区，因为你准备做一个美味的蛋糕。你根据流程图一步一步地做，做到"搅拌蛋黄"的步骤时，你还开心地让我帮你拍一张照片。拍好照片后，你低头继续搅鸡蛋。这时，果果走到你的身旁说想和你一起搅鸡蛋，你抬头看了看他，之后嘟着小嘴巴对我说："老师，我想一个人做蛋糕。"我说了一句"老师相信你自己能解决"，就走到一旁悄悄看着你。你又看了看果果，过了几秒，你对果果说："我们一起做吧，我负责扶着碗，你负责搅鸡蛋，怎么样？"果果点点头，于是蛋糕合伙人从你们开始。

在这个故事中咖喱有可能在学些什么？

咖喱，你愿意跟别的孩子一起分享，这是一件很棒的事情。你的答案出乎我意料，虽然我嘴上说交给你自己解决，但是我的内心还是有些小担忧，结果没有想到你带给我的是满满的惊喜和正能量。我想，现在的你完全有能力自己去解决问题，而我只需要在一旁悄悄崇拜着你。

机会和可能性

你的分享意识带给你满满的人缘，班上许多孩子喜欢与你一起玩。而且你身上具有领导能力，不仅可以分享，还能思考如何分工，我很好奇你小小的脑袋里装着怎样的想法。在未来的日子中，我想我只需要在一旁静静发掘藏在你内心的潜在力量。

家长的反馈

下午放学时，和妈妈谈起这件事情，妈妈说很高兴你能有这样的变化，也很欣喜你具有这样的学习品质——善于合作、乐于分享。

教师反思

咖喱的这个故事让我既感动又惊喜。感动的是问题抛给孩子后，他给我一个意想不到的回答；惊喜的是他不仅愿意拿自己的东西与别人分享，还会对事情进行分工。开始他是拒绝分享的，但我坚持把问题抛给他自己，不介入孩子的事情，我想结果证明我这么做是正确的。这件事让我反思，孩子之间的正常交往并不需要成年人的介入，他们自己有解决问题的能力，而我们在一旁观察即可。即便是成年人也是有那么一点私心的，但对于咖喱，他大方地把自己的材料让出去，和同伴一起分享做蛋糕的快乐，他深刻地感受到独乐乐不如众乐乐。咖喱很爱他的妹妹，我也很庆幸他愿意把这份爱带到幼儿园分给别的孩子。谢谢咖喱，带给我正能量，让我对我的位置有了新的思考：我不仅是教育者，更要成为一个默默支持孩子的朋友。

图1-3-12 咖喱在搅鸡蛋　　　　图1-3-13 咖喱和果果一起合作搅鸡蛋

（二）开展"项目合作"活动

结合母亲节、父亲节、三八节、儿童节、幼儿生日等节庆日，提供幼儿自己烹饪礼物的机会，如做蛋糕、做饼干等，鼓励家长参与物资的准备，从而发挥家长、老师、幼儿的作用，共同完成任务，增加集体荣誉感。

> **★活动展示：三八节——我为妈妈送礼物**
>
> **活动前**
> 开展讨论，跟幼儿一起商讨一下可以做什么礼物送给妈妈。
>
> **活动中**
> 1. 确定主题"做蛋糕"，请幼儿各自选择任务，家长协助准备材料。
> 2. 由幼儿自主参与，根据自己的意愿，参照流程图，做出不同味道的蛋糕。
> 3. 将做出来的蛋糕进行包装，教师记录幼儿对妈妈说的话。
>
> **活动后**
> 请父亲参与到活动中，与幼儿一起做蛋糕送给妈妈。

图1-3-14　庆三八节活动

图1-3-15　幼儿制作蛋糕

图1-3-16　送给妈妈的礼物

图1-3-17　妈妈收到礼物

★活动展示：我升中班了

活动前

开展讨论：我们即将升中班了，要如何庆祝呢？

活动中

1. 确定主题"做蛋糕"，请幼儿各自认领任务，由家长协助购买材料。

2. 让幼儿自行确定"分工"，将打鸡蛋、和面粉、加坚果、准备水果等几大步骤由不同的幼儿来承担，最终合作完成一个大蛋糕。

3. 集体分享蛋糕，互相对同伴说一句感谢或祝福的话。

活动后

与幼儿共同回顾本次活动，说一说此次活动带给自己的感受。

图 1-3-18　分工搅拌面粉

图 1-3-19　加入辅料

图 1-3-20　用水果装扮蛋糕

图 1-3-21　我们升中班了

★学习故事：意外的发现

记录对象：天天　　　记录者：孙赫阳　　　时间：20××年7月6日　星期一

早上，你说你想为姐姐做一个生日蛋糕，因为姐姐的生日快到了。于是你穿上小围裙，开始准备材料、工具，当你看到材料架上的泡打粉和糖粉时，你犹豫了，你举起两个瓶子，扬起小脸疑惑地问我："哪瓶是糖粉？哪瓶是泡打粉呢？"我顺着你的问话说："是呀，怎样区分呢？"你看了看瓶子，思考几秒钟后你亮着眼睛对我说："有了！"你坐下来，拿起两个空罐子，走到饮水桶旁接了两罐水，随后走到桌子旁，分别往两个罐子里舀入两种材料，搅了几下后，你意外地发现泡打粉的秘密——溶解后呈奶白色。你再次举起两个罐子："老师你看！像不像我们喝的牛奶？"你的眼中闪烁着亮光，我知道，你不但找到了想要的答案，并且还有了意外的收获！

在这个故事中天天有可能在学什么？

当你遇到辨别困难时，你愿意动脑筋想办法识别不同材料。在上周结束的小实验中，你知道糖粉是可以溶解的，于是，你将这个经验运用到这里，你想通过溶解两种材料来辨别糖粉和泡打粉，你不但通过实验得到了想要的答案，还意外地发现原来泡打粉溶解后水会变成奶白色，你说溶解后的泡打粉水像牛奶、像椰汁、像白乳胶……不知不觉我也沉浸在你的想象里，原来你的想象世界是这么地丰富多彩！

机会和可能性

你还想继续探究溶解的秘密吗？除了糖会溶解，厨房里还有哪些材料可以溶解呢？你知道为什么泡打粉溶解后会呈奶白色吗？

家长的反馈

我把这件事告诉了天天妈妈，妈妈说很愿意和天天一起探究溶解秘密，妈妈也愿意来幼儿园和小朋友们一起做溶解的实验！

教师的反思

我为我没有及时回答天天的问题而感到庆幸，如果我当时直接告诉天天哪瓶是糖粉，哪瓶是泡打粉，天天可能就不会有接下来的探究欲望。天天通过探究，知道了溶解的秘密，还对溶解产生了兴趣，意外地发现泡打粉溶解后呈奶白色。这样的发现，我想足以激起天天继续探究的兴趣。

图 1-3-22　泡打粉在水里变成了奶白色

图 1-3-23　白糖在水里溶解，水没变色

三、提升幼儿的读图能力

充分挖掘"流程图"在幼儿活动中的作用，提升幼儿的读图能力和参与学习的主动性。获得的经验不仅可用于生活区主题烹饪的学习，还可以应用到生活区其他材料的操作，并在此基础上，将"观看流程图操作材料"的经验迁移到其他操作材料的学习中，如根据"种植流程图"、"饭后流程图"进行种植活动、建立常规约定。

图 1-3-24　流程图运用于常规约定

图 1-3-25　流程图运用于种植区

★学习故事：流程图的秘密

记录对象：涵涵　　　记录者：孙赫阳　　　时间：20××年4月8日　星期三

分区时，你听说生活区为了方便小朋友制作蛋糕特别投放了流程图，你高兴地把分区牌挂到了生活区。你来到生活区，先是拿起这份新装订好的流程图仔细翻阅，一页一页认真研究，翻阅完后，你按照每一页的提示开始制作蛋糕。对于3岁半的你来说，读一本12页的流程图还是有一些难度的，你对着流程图一边研究一边制作的样子吸引着我，直到放好油、糖、牛奶后，你惊喜地发现，原来油、糖、牛奶的勺数是一样的，都是5勺，只是每个量勺的数量不一，克数不同。你告诉我，这是你发现的秘密！

在这个故事中涵涵有可能在学什么？

对于3岁半的你来说，没有大人在一旁支持你，独自完成读图的过程应该充满了挑战，但是在制作蛋糕的过程中，我看到了一个积极思考、认真研究、充满智慧的小姑娘！翻开每一页流程图，你都会仔细数页面上标记的勺数，1、2、3、4、5！你生怕数错数字会影响制作蛋糕，于是你总是数了又数……在制作的过程中，你数数的本领再一次得到了锻炼与提升！当你发现5勺的秘密时，你还愿意与身边的小朋友分享你的发现，这方便了其他小朋友制作蛋糕！

机会和可能性

如果下次没有老师在一旁，你会不会独自完成呢？我想，一定会的！

听妈妈说你家里新买了一台烤箱，你愿意在家里为家人制作蛋糕吗？

家长的反馈

妈妈自从生了弟弟后很多时间都在忙于照顾弟弟，忙得连妈妈自己的生日都快忘记了，妈妈说，这是她收到的最好的生日礼物！

教师的反思

刚刚投放流程图时，我还在思考，要不要先讲解一下每幅图的含义，出乎意料的是，原来孩子们的能力远远超出我的想象。幸好当初没有急于讲解每幅图的含义，不然这么精彩的一幕怎能及时捕捉到呢？！直接获得的一手经验远远超过二手经验，作为老师，真的需要仔细思考每一种教育方式所带来的效果。

图 1-3-26　数一数放几勺糖

图 1-3-27　放入 5 勺糖

结语

广义上的生活，是指人类生存过程中的各项活动的总和，范畴较广，一般指为幸福的意义而存在。包括日常生活行动、学习、工作、休闲、社交、娱乐等职业生活，幼儿的生活区则是一个现实生活的缩影，可提供幼儿进行各种生活活动。

陈鹤琴先生提出："幼儿的活动应以生活为轴心，大自然、大社会都是活教材。"因此，在幼儿园开设"生活区"活动遵循了幼儿发展的规律和需求，非常有必要。

目前幼儿园的生活区，容易让人产生"空、泛"的感觉，要么不知道要做什么，要么随便弄一些舀、扣之类的操作材料让孩子在里面随意操作，缺乏系统性和科学依据。孩子在掌握了基本技能之后容易对生活区产生厌倦，失去兴趣。造成这些现象的原因是：①生活区的材料过于单一，要么全投放"抓"的材料，要么全投放"洗"的材料，材料指向过于单一，不利于深入操作探究。②孩子参与性不强，老师投放什么材料，孩子玩什么。③生活区的材料不够真实，与"现实生活"脱节，不能"取之于生活，用之于生活"。④参与生活区练习的幼儿得不到个性化的满足与发展，一次活动结束后，往往不主动进入生活区。⑤投入的材料过于复杂，幼儿一旦离开教师，没办法独立操作。

因此，幼儿园生活区的环境设置和材料投放，大中小班应各不相同，且根据幼儿年龄特点、兴趣爱好的不同而改变。如小班生活区小班幼儿手部小肌肉动作发育还很不完善，教师在提供材料时可以适当增加练习剥、拧、抓、倒、绕、捏、夹、舀和穿脱等生活技巧的材料。通过这些活动，让幼儿尝试如何动手操作，获得成功的体验，做力所能及的事情，甚至能帮助他人；中大班的孩子已经具有一定的动手能力，学习的范围应该更广泛，可增加一些高技巧的内容，如缝纫、刺绣、插花等，这些都是需要花费一定的时间，有一定探究难度的工作。

综上所述，生活区活动开展包括环境创设、组织实施和促进发展三方面，这三者不是独立存在的，而是从三个不同的纬度、不同的方向相互作用。

（1）创设幼儿"喜爱"、"互动"的生活区环境，融合"三人行"课程，提高幼儿、教师、家长的参与性和主动性，激发幼儿"爱生活、乐生活、享生活"。

（2）根据幼儿兴趣，从自我照顾、精细动作、生活烹饪三方面不断丰富生活区的材料，从而提供幼儿参与操作的机会，利用"制作流程图"帮助幼儿自主学习各项生活本领。

（3）通过各项活动，树立幼儿的"服务意识"，知道"服务自己、服务他人"，体现正确的劳动价值观。

附：流程图

种植流程图

1. 挖坑	2. 播种
3. 填平	4. 浇水

制作蛋糕流程图

1. 打鸡蛋

2. 分离蛋清

3. 打至鱼眼泡状态

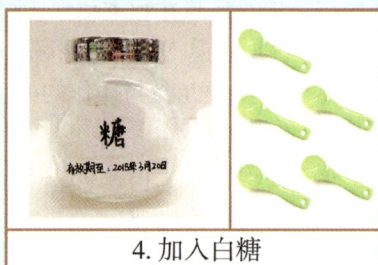

4. 加入白糖

5. 加入牛奶

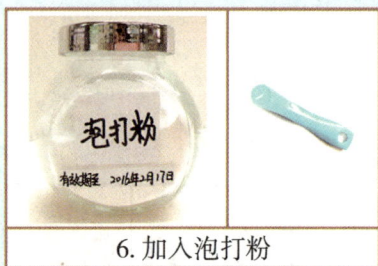

6. 加入泡打粉

7. 加入油

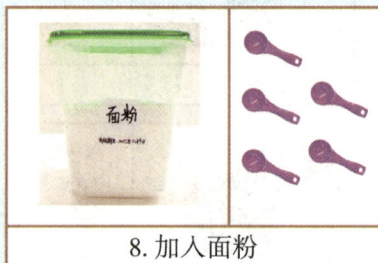

8. 加入面粉

9. 蛋糕装杯	10. 烘焙完成

制作水蛋流程图

1. 打鸡蛋	2. 搅鸡蛋
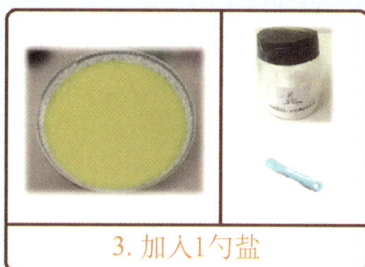	
3. 加入1勺盐	4. 加入2杯水
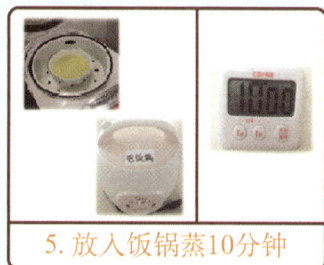	
5. 放入饭锅蒸10分钟	6. 开始品尝

第二章
快乐小木匠

大眼看区域

★娃娃说

娃娃A:这里有好多在家没有玩过的玩具(工具),它们都是真的哦。

娃娃B:我们可以用这里的工具锯木头、钉钉子、钻洞、锯木头、拧螺丝……

娃娃C:我很喜欢这里,自己想要的东西都能在这里做出来,这里是我们的小天地!

★师说

木工区设置前期,教室里只有一些小的维修工具,幼儿每天都会积极地选择、讨论、制作……有的幼儿还会因没有操作到这些工具而感到失落。透过幼儿的眼神,教师找到了他们的兴趣所在,于是木工坊由此而诞生!

创设木工坊就是要给幼儿提供一个宽松、自由的环境,给幼儿提供思考、动手操作、与同伴互动交往的机会,使幼儿在活动中充分发挥想象力、创造力,有效促进幼儿综合能力的提升。

第一节　我的木工坊——环境创设与材料投放

幼儿经常会向他人介绍:"穿过那个阳台就是我们的木工坊了,是我们最喜欢的地方。欢迎大家来我们的木工坊玩哦!"可见木工坊有多受欢迎!

一、木工坊的环境设置

(一)木工坊设置的原则

(1)木工坊需提供真实的工具、材料供幼儿操作。

(2)木工坊的布置要方便操作和取放。

(3)木工坊需要相对独立的空间,尽量避免干扰教室中其他区域的活动。

（4）场地要远离水源，保持干燥、通风。防止工具生锈，木头发霉腐烂。

（5）需提供保护装备，如：手套、头盔等。

（6）相对危险的物品放置时需要增加一些防范的装置。

（二）木工坊材料投放的原则

木工坊较适合在中、大班开设，中、大班幼儿的手眼协调能力逐步增强，手部精细动作处于快速发展的时期。根据幼儿的年龄特点，可将工具的投放分为以下四个阶段：

第一阶段：初识工具，技能提升

第一阶段，幼儿先要学习工具的使用方法，练习各种工具的使用技巧，因此工具、材料的投放不宜种类过多。

工具： 锯子、锉子、塑料锤子、桌虎钳。（从安全角度及幼儿的接受程度考虑，只投放了4种工具）

材料： 木条、钉子、橡皮泥、轻粘土。

表2-1-1 木工区第一阶段工具表

工具	外观	特点描述	用途	经验小结
锯子	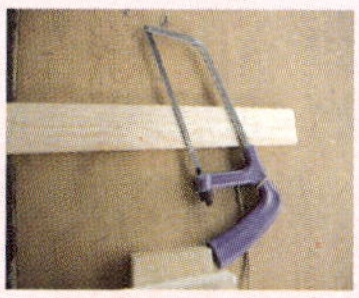 图2-1-1	塑料手柄，锯齿可更换	用于直线截锯工作	1. 此型号大小合适，但锯条太软，如不是直线推拉，锯条很容易变弯； 2. 锯齿较为锋利，安全起见，可将锯子用一根约1米长的绳子绑定在工具台上
锉子	 图2-1-2	塑料手柄，锉身为实心钢条，正面平，反面半圆	用于磨光、修饰材料的表面	1. 由于锉面较窄，幼儿需要多次尝试才能准确打磨； 2. 锉身坚硬，安全起见，可将锉子用一根约1米长的绳子绑定在工具台上
塑料锤子	 图2-1-3	塑料手柄，锤身为实心塑料	敲打钉子、螺丝	1. 由于太轻，只能将钉子锤进很软的木板上，而且很浅，容易脱落； 2. 使用一段时间后，塑料锤面损坏严重

续表

工具	外观	特点描述	用途	经验小结
桌虎钳	 图2-1-4	可固定在桌面上，有旋拧杠杆，可手动调节钳口大小	简单的夹具，可将物体夹住并固定，保持水平度与垂直度	1. 在初级阶段，一定要使用桌虎钳夹住需要锯的物体，并要求幼儿将手放在离钳口较远的地方，可以有效避免锯伤、锉伤、锤伤手指； 2. 使用一段时间后要及时检查桌虎钳与桌子之间的螺丝是否有松动

第一阶段作品（中班）

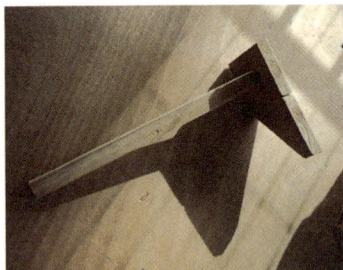

图2-1-5　锄头

图2-1-6　小草

图2-1-7　路灯

前期幼儿在练习使用工具时，只是在一块板上无计划地钉上几个钉子，或者简单地将木条和不规则的木板相连，教师适时引导后，幼儿增加了一些辅助材料，如：用橡皮泥搓成圆形，盖住钉头就变身为小草、灯和锄头。

第二阶段：材料互动，自主创作

工具：（在第一阶段基础上增加投入）小铁锤、塑料手柄铝头锤、螺丝刀组合（一字、十字、梅花……）、卷尺、小木头夹子。

材料：（在第一阶段基础上增加投入）木板，长、短螺丝钉，各种连接用的五金件，彩色笔，橡皮泥，轻粘土。

表2-1-2　木工区第二阶段工具表

工具	外观	特点描述	用途	经验小结
小铁锤（图2-1-8），塑料手柄铝头锤（图2-1-9）	 图2-1-8  图2-1-9	长手柄连着锤头。锤头的形状可以像羊角，也可以是楔形，也有圆头形的	敲打物体使其移动或变形的工具。最常用来敲钉子，矫正物件位置或是将物件敲开	1. 小铁锤，头部太窄，初始幼儿因准确性不够常敲到手，宜使用轻的锤头； 2. 铝头锤，重量轻，幼儿选择使用的几率最大
螺丝刀组合	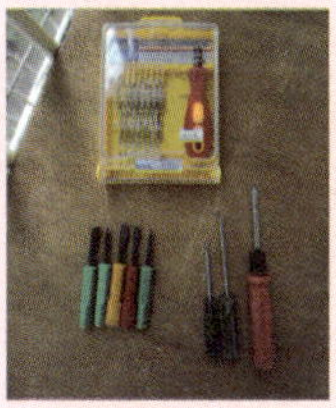 图2-1-10	塑胶手把外加可锁螺丝的铁棒。组合套装含有许多不同的刀头，可根据螺丝帽的型号随意组合	手动旋钮不同型号的螺丝，使之可以固定在木板或者墙上（反之可以使螺丝脱离）	1. 根据需要安装不同类型的螺丝刀时，只需把螺丝刀头换掉就可以； 2. 好处是可以节省空间，但容易遗失螺丝刀头
卷尺	 图2-1-11	圆形，可收缩	用于测量长短或距离	更适合在大班投放，方便幼儿测量长度
小木头夹子	 图2-1-12	木质，可以张合夹住细小东西	锤钉子时夹住钉子、螺丝	初始为防范幼儿敲到手投入，在后期幼儿技能熟练后可取消使用

在第一阶段对基本工具的接触与巩固练习的基础上，幼儿对新投放的工具进行观察、探索后可以在短时间内运用自如，并且结合新投放的材料，开始新一轮的自主创作。由最初只是简单的木板加钉子造型升级为使用各种金属件进行连接，作品的特征更加明显，也有了一定的难度。

第二阶段的作品（中班）

图 2-1-13　小车

图 2-1-14　山洞

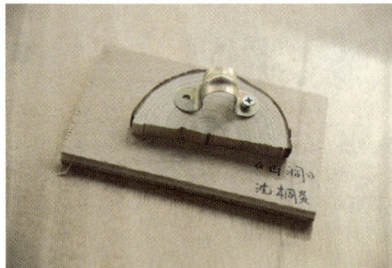

图 2-1-15　房子

第三阶段：想象无限，创新无限

工具：（在第二阶段基础上增加投入）刨子、直角尺、尖嘴钳、平口钳。

材料：（在第二阶段基础上增加投入）PVC管。

表 2-1-3　木工区第三阶段工具表

工具	外观	特点描述	用途	经验小结
刨子	 图 2-1-16	由刨身（刨堂、槽口）、刨刀片（也叫刨刃）、楔木等部分组成	用来刨平、刨光、刨直、削薄木材的一种木工工具	1. 有小中大三种，最小的太小，不适合幼儿操作； 2. 中号大小合适，但使用时需要做一个刨木头的专用工作台，工作台上一定要有一个固定木头的卡位，防止在刨木头的过程中木头移动

续表

工具	外观	特点描述	用途	经验小结
尖嘴钳	图 2-1-17	由尖头、刀口和钳柄组成	钳柄上套有额定电压 500 V 的绝缘套管。主要用在较狭小的工作空间操作，不带刃口者只能用于夹捏工作	1. 幼儿会在钉很小的钉子时会用尖嘴钳夹着钉子敲，以防止敲到手； 2. 幼儿会使用钳子拔掉、修正未钉好的钉子

随着时间的推移，幼儿能够对一个新工具和新材料进行观察分析、自主探索其使用方法，并且能够以物代物，找不到现成的零件时会自己想办法利用现有的工具和材料进行想象创造。对于教师给予的任务会进行分工合作，在提升自身技能的同时也将合作融入到了区角活动中。幼儿的作品有些放在教室展览，有些被幼儿随身携带，如："打造的戒指"，制作者在同伴面前展示，表现出无限的自信与成就感。

第三阶段作品（中班）

图 2-1-18　戒指

图 2-1-19　火车

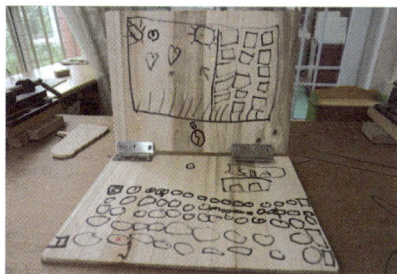

图 2-1-20　笔记本电脑

第四阶段：拓展创新，精彩继续

在中班年龄阶段，幼儿已经掌握并熟悉了各种工具的作用与使用方法，并且能让工具与各种材料、配件发生有效互动。到了大班后，随着幼儿的观察力、控制力和精细动作的不断提升，木工区可以扩大或延伸到户外场地。场地扩大后，锯子和锤子的型号可以投放中号或者是大号；材料和辅助材料也可以更加丰富，比如可以增加投放稍粗的树枝、大一点的木板、油漆、颜料，甚至可以收集一些家里废旧的桌椅板凳、小柜子，让幼儿们来修补，或者是拆掉再做新的组合。

大班可增加以下工具，同类工具的数量有所增加，方便幼儿选择使用。（此处只呈现部分材料）

图 2-1-21　螺丝刀

图 2-1-22　锯子

图 2-1-23　锤子

图 2-1-24　手摇钻

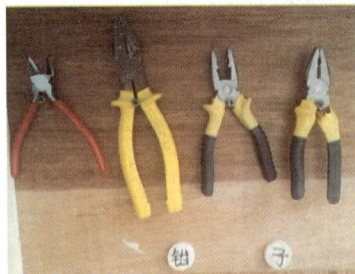

图 2-1-25　钳子

图 2-1-26　电钻

需要注意的是，像锯子、电钻等一些相对危险的工具，教师在提供材料之前要先进行安全教育。在幼儿能够掌握安全使用的方法之后，在教师的视线范围内，幼儿才能使用此类工具。在活动结束后要将材料归位，一些较危险的工具必要时可以锁起来。

大班木工区的材料投放应体现层次性，幼儿可以根据需要选择合适的材料进行操作，如：提供多层次的木材，木材操作难度由易到难，既可体现材料的层次性，又可满足幼儿的成就感！

图 2-1-27 整体工具陈列

图 2-1-28 纸板

图 2-1-29 松木板

图 2-1-30 硬木板

图 2-1-31 不同形状的硬木板

图 2-1-32 塑料管

也可增加适当的辅助材料，投放之前要注意安全教育。

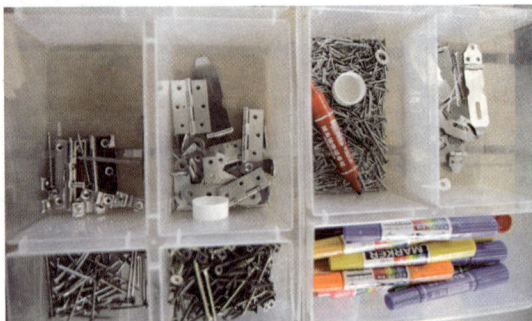

图 2-1-33　各类辅助材料

表 2-1-4　大班木工区材料清单

材料名称	用　途	数　量
一、工具类		
1. 电钻	用于在砌块和砖墙上冲打孔眼，其外形与手电钻相似；锻炼手眼协调	2 个
2. 锤子	用来敲打物体，如：敲钉子等	3 个
3. 锉刀	打磨木料等	1 个
4. 卷尺	测量长度	2 个
5. 直角尺	测量角度、协助划线	1 个
6. 手摇钻	钻孔，打洞	1 个
7. 刨子	推平木材	2 个
8. 螺丝刀	安装或者拆螺丝	5 个
9. 线锯	可以锯出花样	1 个
10. 电锯	锯厚木以及一些难锯的木料	1 个
11. 钳子	用于拔螺丝、绕铁线	2 个
二、材料类		
1. 白乳胶	用于粘贴	6 个
2. 颜料	用于作品涂色	12 个
3. 合页	连接门窗等	15 个
4. 钉子	用于固定、连接	6 包

续表

材料名称	用　途	数　量
5. 铁丝	固定、捆绑	3 捆
6. 麻绳	捆绑、固定、装饰	2 卷
7. 绘画笔	画画、标线、装饰	2 盒
8. 刻刀	刻木	5 把

第四阶段的作品（大班）

图 2-1-34　鸟笼 1　　　　图 2-1-35　鸟笼 2

图 2-1-36　火车

图 2-1-37　飞机

二、木工坊的规划与分类

在区域活动中，教师需要根据幼儿年龄与特征，分析幼儿现有发展水平和能力，让幼儿在一定的范围内根据提供的不同材料自觉、自愿、自主地进行活动。在实际操作中，也出现了很多值得教师们思考的问题。如：怎样合理地对木工坊进行规划与分类？什么样的环境才能让幼儿专注地完成自己的工作？教师怎样适时地根据观察的信息为每个发展阶段的幼儿调整材料以满足其不断发展的需要？带着这些问题，我们逐步地寻找答案，将木工坊细分为以下六个子区域：设计部、工具区、木料区、操作区、涂色区、作品展示区。

（一）设计部

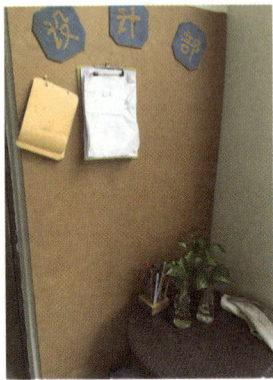

图 2-1-38　设计部

起初的木工坊并没有设计部，幼儿做计划时，都是口头表达。偶然一次，幼儿在做完计划后说："老师，你帮我画下来吧，我就不会忘记了！"这个建议激发了我们的灵感，随后便在木工坊增加了一个新的子区域——设计部。此后，幼儿在木工坊开始工作之前，都会在设计部先认真地勾画自己作品的简易图。此后的木工坊经常会出现这样的画面：幼儿围着一张设计图，一起讨论分工："你来负责……我来负责……"

（二）工具区

起初投放的工具一股脑地摆放在在操作台上。随着幼儿操作需要的提升，简单的工具已经无法跟上幼儿创作的步伐。大量丰富的、不同类别的木工工具的投放势在必行。这些工具如何摆放才能既保证安全，又方便幼儿取用、整理归类？

教师在与幼儿展开的集体讨论中确定了以下的方案：

（1）制作专门的工具柜，工具柜的格子有高有低。

（2）每投放一种新的工具，教师要先介绍，再示范正确的使用方法，幼儿才可以自主操作。

（3）危险性较低的和幼儿用得比较熟练的工具放在低处的格子，以方便幼儿自主取放。

（4）高处格子里的工具是危险性较高、需要老师协助才能使用的工具。

图 2-1-39　工具区

（三）木料区

木工坊里最主要的材料便是木料。为了满足幼儿在木工坊的各种创作需要，要提供大量长短不一、形状不同、质地不同的木料。可以通过以下途径获得：

（1）直接购买。

（2）家里装修后的边角料。

（3）家长和幼儿共同收集小区绿化修剪后的树枝、树干。

（4）其他班级的捐赠。

（5）家里破损、旧的木质家具。

图 2-1-40　木料区

图 2-1-41　操作台

（四）操作区

走进木工坊，首先映入眼帘的是一张大大的操作台，可以让幼儿拥有足够大的操作空间，满足幼儿的不同操作需求，如：测量、锯、锤、钉、钻、锉等等。操作台中间固定着一排小盒子，放置较小的零件、金属材料以及小工具，方便幼儿需要时的取用，但要特别注意安全教育。

（五）涂色区

起初幼儿会将制作好的作品，拿到美工区进行绘画或者上色，让作品更加美观、形象。但问题也随之出现了：有些作品又大又重，不方便搬到美工区，即便是在教师的帮助下拿到了美工区，也会占据美工区很大一部分空间，直接干扰了美工区的活动。于是，根据幼儿的这一需求增加了涂色区，提供颜料给幼儿装饰作品。如此一来，既满足了木工区的创作需求，又不打扰美工区的活动。

图 2-1-42　涂色区

（六）作品展示区

作品展示区的设置提供符合幼儿身高的架子。作品架可以直接购买，也可以幼儿园自己制作。教师在陈列幼儿作品时可将作品架稍作装饰，如：选择颜色、质地适合的布作为衬底，点缀一些小玩偶等。作品展示区的建立为幼儿提供了和同伴或者家人分享自己作品的机会，将幼儿的作品直观地展示出来，有利于同伴之间的经验交流，同时有效锻炼了语言表达能力、逻辑思维能力等。由此可见，作品展示是一种分享和相互学习的方式，也是家长了解幼儿在园活动的有效渠道。在进一步的实践探索后，我们又将作品展示区细分为成品展示区和半成品展示区，以便幼儿更好地呈现自己的作品。

图 2-1-43　半成品展示区　　　　　图 2-1-44　成品展示区

环境设计小贴士

1. 分类明确，相同类别的东西放在一起，给幼儿提供方便取放的环境，例如把所有短小的软木装在同一个箱子里。

图 2-1-45　木料归类

2. 操作过程的提示：请幼儿自己制作整个木工成品的流程图，通过流程图促进幼儿自主操作。

图 2-1-46　幼儿绘制的涂色区示意图

3. 每个幼儿的作品都附上"作品牌"，让幼儿有自豪感、归属感，并可以相互欣赏。

图 2-1-47　作品牌

第二节　小伙伴们，一起来
——活动组织与实施

一、以教师引导为先

木工坊的操作相对具有危险性，很多的工具操作都需要教师的关注与引导。从初步创立木工坊到开放木工坊，教师需要发挥智慧，逐步、有策略地引导幼儿安全地在木工坊自主操作。良好的常规是安全操作的基础，我们以集体讨论——小组互动——个别指导相互交替的模式，循序渐进帮助幼儿建立常规，具体可以分为几个阶段开展：

第一阶段：集体安全教育。

第二阶段：介绍每一种工具的使用方法与作用。

第三阶段：共同讨论进区规则。

第四阶段：选择木工区后，教师先示范，再辅助幼儿亲身体验。

图 2-2-1　教师示范工具使用　　图 2-2-2　教师引导幼儿

二、以自主操作为主

实际操作木工材料是幼儿所喜欢的一种活动，幼儿在对材料的操作、摆弄过程中塑造自己的认知结构。在教师所提供适宜材料的操作活动中，幼儿会不由自主地产生"玩一玩"的想法，并在对材料直接感知和直接操作的过程中，仔细观察，发现问题，激发探索的兴趣。

木工坊的工作相对来说幼儿平时接触不多，类似的经验积累也比较少。起初，木工坊刚刚设立，幼儿进区后，看见琳琅满目的工具和材料，这个想玩，那个也想尝试，一般都是没有计划就直接动手，做着做着就不知道怎么做下去了，花了时间和力气，最后不仅想做的作品没有完成，还将材料弄得七零八落，无法归位了。

针对这些问题，教师组织幼儿进行针对性的讨论：

每次区域活动怎样做计划？

木工坊应该先做什么？接着做什么？最后做什么？

问题一抛出去，幼儿就纷纷发表自己的观点，经过一番商讨，最终制定出一套木工区工作流程：在设计部画好设计图——选择适用的材料——选择需要用的工具——操作台操作——涂色区装饰（绘画、涂色、粘贴装饰物）——作品架展示——收拾整理。

幼儿用自己的方式设计了木工坊的指导手册。

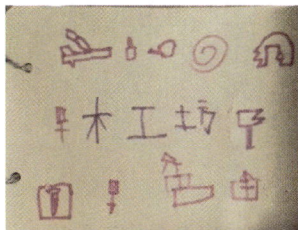

图 2-2-3　明确区域标识

图 2-2-4　画设计图

图 2-2-5　分享设计图

图 2-2-6　选择适用的工具

图 2-2-7　选择适用的材料

图 2-2-8　开始操作

图 2-2-9　装饰作品

图 2-2-10　将作品放上作品架

图 2-2-11　将玩具归类放好

　　有了幼儿自主绘制的操作流程图后，幼儿多数能够按照流程图的步骤进行操作。操作过程不再是忙碌无序，而是事先计划好，再进行操作，提升了幼儿的做事计划性。同时在操作过程中，幼儿之间会互相商量两人或多人合作完成一件作品，商量好各自负责做什么，这一过程不仅锻炼了幼儿的语言表达能力，而且促进了幼儿之间的互相沟通、协商合作。

图 2-2-12　自主选择颜色装饰

图 2-2-13　自主安全操作工具

图 2-2-14　自主拧螺丝

图 2-2-15　自主拼装

图 2-2-16　防护手套

幼儿的自主性加强了，安全教育更不能丝毫放松：

（1）投放工具：先投放手动工具，再逐步投放电动工具。

（2）防护装备：为幼儿提供手套、眼镜等。

（3）工具的摆放：使用率高的工具，需要摆放在幼儿触手可及的位置。

特别提示：幼儿在木工区活动，使用各种工具时，难免会有意外受伤的情况，作为指导者，在对工具、材料提前做好安全措施的同时，还应该掌握一些处理一般伤口的常识。

当木屑、细小的碎片扎进手指时要及时用镊子清理干净，然后用肥皂水清洗。

手指被锤子砸到红肿，可用冰块冷敷，再涂上活血化瘀的药油。

被锯条或者木条刮伤导致伤口轻微流血，先消毒，再贴上纱布或者创可贴；若是伤口较大，应先立刻加压止血，然后尽快送往医院由专业医生处理。

附：幼儿自主作品案例

案例实录：小桌子

镜头： 文文是一个喜欢探索的女孩子，可爸爸对木工区始终抱着一种怀疑的态度，反复强调着木工区的危险："看看就好，不要进去了，会受伤。"于是，文文每次选区的时候都会纠结许久。两周后，文文终于按捺不住了，果断地走进木工区。在每一位工作中的小朋友旁边观察后，她拿起锤子，找来一块薄木板，尝试性地将两根长木条分别钉在木板的两个角上；翻过来看看，又找出两根木条钉在另外两个角上。然后，小心翼翼地高高举起来："老师，你看，你看，这是我自己做的桌子，我做的！"

图 2-2-17 文文的作品——桌子

分析： 文文之前在爸爸的影响下没有选择木工坊的活动，在后期因自身的兴趣参与进来，并尝试用不同的木材做出了小桌子，不仅没有遭遇爸爸所说的危险，而且还体会到了成功感。由此可见，有安全保证的木工创作活动是深得幼儿喜爱的。

案例实录：小锤子

镜头： 进区活动后，为为跟大家分享自己的作品："大家好，我做的这个是一个锤子，它很难做的，我做了三次才成功。第一次我是用钉子钉的，可是钉子不够长，钉不了；第二次我用胶粘，用了很多种的胶（双面胶、透明胶、白乳胶）粘住了，可是这个锤头太重了，一拿起来就掉了；最后我想了一个好办法，这个办法是我想出来的，就是用电钻，小白老师帮我钻了一个洞，我告诉你哦，那个电钻可厉害了，可是小白老师说，我还太小，长大了才能自己用，然后把这个棍子塞进去，就可以了，不过还是会摇晃，最后要在这里（指着洞的两边）加上两个钉子就好了。"

图 2-2-18　为为的作品——锤子

分析：为为在木工坊工作时，遇到了多次困难，但为为没有放弃，而是想办法不断尝试、寻求老师的帮助，最终完成了自己心仪的作品。在这个过程中，为为体会到了成功感，学会了如何解决问题，更重要的是为为作品的实用价值——为为的锤子会投放到班级日常的使用中，这无疑是对为为最好的肯定和激励。为为在分享时的语言表达清晰，条理性也较强，能很好地将自己操作的过程与大家进行分享。

三、以小组合作为重

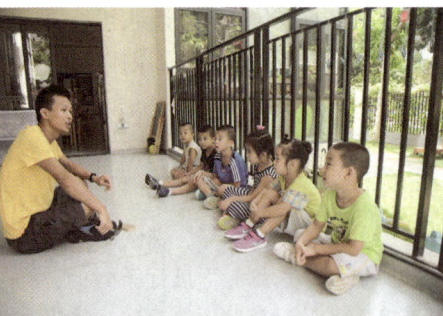

图 2-2-19　围坐分享计划

随着我园"三人行"课程之"项目合作"学习的推进，教师开始考虑在木工坊中是否可以尝试让幼儿分工合作——小组围绕一个目标共同完成作品，学会选择、学会分工、学会合作，感受合作的高效和团队的力量。于是，我们将"合作学习"的理念在木工坊进行了实践。主要从以下几个步骤进行：

（1）幼儿围绕着一个共同的目标，自行协商分工，可由幼儿推荐或自荐产生一位小小的领导者。

（2）幼儿根据自己兴趣领取任务进行实践，操作过程中教师可根据幼儿情况进行一些个别指导，以协助幼儿顺利完成任务。在操作过程中幼儿之间也会互相合作完成较有难度的工作。

图 2-2-20 负责钻木　　图 2-2-21 负责钉钉子

图 2-2-22 合作锯木头

（3）整理分享：幼儿将小组的实践经验与同伴交流，促进同伴之间的学习与分享。

图 2-2-23 向同伴介绍作品

附：小组合作学习案例

案例实录：鸟笼

镜头：一天，教室里飞来了一只小鸟，尽管几番盘旋后还是飞走了，但幼儿们却兴奋地讨论了好久，幼儿们说：这里没有小鸟的家，如果我们给小鸟做一个家，小鸟就会飞回来的。"

于是大家商量要一起给小鸟做房子。教师组织全班团讨后，按照幼儿的意愿分成5个小组。接下来的日子，幼儿们显得异常忙碌，每天都会先坐下来讨论今天的计划，然后分工，领取任务后自觉地投入到紧张的工作中去。每天结束后的经验分享也分为五组，由小组长组织分享今天的工作及在工作中遇到的困难。

幼儿们的工作历时一个月，几经修改后终于完美收官。这些作品在毕业季展出时，小、中班的幼儿都来围观且久久不愿离开，家长们也都惊叹不已！

图 2-2-24　大班毕业作品展

第一组作品

作者：妞妞、菡菡、淇淇、淳淳、毛蛋、嘉嘉、翀翀

娃娃说：用铁丝网来制作鸟笼，这样小鸟住进这个家里可以看到外面的世界，鸟妈妈和鸟爸爸出去寻找食物的时候也可以看到自己的宝贝，鸟宝贝也可以看到爸爸妈妈，这样它们就可以很幸福的生活在一起了。

图 2-2-25　铁丝网鸟笼

第二组作品

作者：哲哲、瑶瑶、帅帅、家齐、芸芸、毛毛、熙熙

娃娃说：我们在外面玩滑滑梯的时候，小鸟也可以和我们一起玩。鸟笼里放很多的木屑，这样小鸟住进来后才更加舒服。

图 2-2-26　滑滑梯鸟笼

第三组作品

作者：文文、乐乐、小熙、小宇、可可、璨璨、睿睿

娃娃说： 这个高楼鸟笼有四层楼，这样就可以让四个家庭的小鸟住在同一栋楼里，它们就可以经常一起玩了。高楼下面还做了一个秋千给小鸟们玩。

图 2-2-27　高楼鸟笼

第四组作品

作者：雨儿、果果、瑞瑞、来来、楷楷、修

娃娃说： 这个鸟笼最特别的是有圆圆的大窗户，窗户下面有秋千。小鸟想出来玩的时候就可以直接从窗户飞到秋千上玩。

图 2-2-28　房子鸟笼

第五组作品

作者：星星、焕焕、曼曼、小鱼、亮亮、仁仁、锴锴

娃娃说： 这是彩色篱笆鸟笼，如果小鸟住进来的话，就可以每天看见彩虹，而且是想看什么颜色就能看见什么颜色哦！

图 2-2-29　彩色篱笆鸟笼

附：科技节系列作品

　　4月份是深圳实验幼儿园一年一度的科技月，幼儿结合主题制作了一系列与科技节有关的作品。

图 2-2-30　航天飞机

娃娃说: 我和好朋友璨璨共同制作出来的航天飞机，里面可以载很多人，未来我们可以乘着这个飞机去月球看看。（见图2-2-30）

图 2-2-31　高铁

娃娃说: 这是我自己做的高铁，速度非常快！我可以坐着它去环游世界！（见图2-2-31）

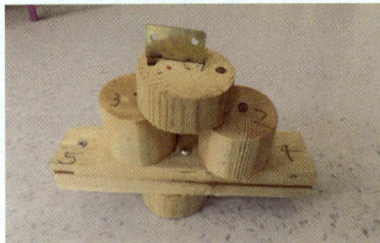

图 2-2-32　平衡器

娃娃说: 这是一个平衡器，可以给大家运动时候锻炼身体。（见图2-2-32）

图 2-2-33　风车

娃娃说: 这是我做的风车，可以用来装饰我们的班级。（见图2-2-33）

第三节　小制作、大智慧
——幼儿的发展与收获

幼儿在木工坊的劳动以作品成果的方式直观地展现出来。这些作品不仅具有观赏性，有的还可以用于班级的日常生活中，幼儿也由此真正体会到劳动带来的成果与价值。

一、幼儿收获了进步

（一）学会了合作，学会了关心他人

<h4 align="center">★学习故事：爱心小天使</h4>

记录对象：瑶瑶　　　　　记录人：罗辉霞　　　　　日期：20××年5月18日

今天分区时你在木工坊玩，大家一进区就开始忙活起来。你拿着一个木盘子在看小朋友刨木条，当小朋友把木屑刨下来的时候你马上捡起来放在木盘子上。我很好奇你为什么会捡木屑，你说："这个木屑要放在鸟笼里面，小鸟住进去软软的会很舒服。"说完你继续忙活着……之后小鱼和子为也和你一起把木屑放到鸟笼里，你们一起合作得很开心！

在这个故事中瑶瑶有可能在学什么？

亲爱的瑶瑶，你是那么的有爱心，为了让小鸟能住进舒服的家，你花了整整40分钟的时间在布置，你富有爱心的举动还带动起你的小伙伴，为你的爱心点赞！你是一个爱心小天使。

机会和可能性

亲爱的瑶瑶，我今天把手放进鸟笼，感觉真的好舒服哦！如果有一天，有小鸟飞进鸟笼里，一定会很喜欢这个很舒服的鸟笼！小鸟困了就能在柔软的"床上"睡觉，小鸟渴了、饿了呢？你一定能想出更多的办法来吧！

家长的反馈

瑶瑶，你的细心和善良让妈妈感动，不管是身边的家人、朋友，还是每一个你能遇见的小动物，你都能用天使之心去对待，妈妈希望你能继续保持这份细心和善良，温柔对待这个未知的世界。

教师的反思

孩子的内心是纯净又柔软的，我们认为的"无用之物"或"无用之功"，

在孩子眼里都是无价之宝！作为教师，我们更应该善于发现并保护这份童真的心。

图 2-3-1　刨木屑　　图 2-3-2　捡木屑　　图 2-3-3　把木屑放　　图 2-3-4　布置鸟笼
　　　　　　　　　　　　　　　　　　　　　　进鸟笼里

★学习故事：坚持做爱心小天使

记录对象：瑶瑶　　　　　　记录人：罗辉霞　　　　　　日期：20××年6月15日

今天分区时你又选择了木工坊，和熙熙一起合作，继续布置小鸟的家。熙熙刨木屑，你拿着小货车在收集木屑和运木屑。我问："瑶瑶，你昨天不是已经装了很多木屑去小鸟的家了吗？还不够吗？"你回答道："是呀，我要把所有的鸟笼装满木屑，这样小鸟住起来才更加舒服。"

在这个故事中瑶瑶有可能在学什么？

亲爱的瑶瑶，我今天和白老师聊起你做的这件事时，他告诉我，我上个星期不在班级的时候，你也做了同一件事情！你坚持做一件有爱心的事情，让我非常的佩服，我要向你学习，以你为榜样！

机会和可能性

瑶瑶，你跟其他小朋友一起合作，继续给小鸟搭建温暖的家，如果我是一只小鸟，住进这个鸟笼，那么我想我就是世界上最幸福的鸟儿了！

家长的反馈

看到瑶瑶的学习故事很感动，瑶瑶这么有爱心的举动，是我以前没有发现过的。瑶瑶，妈妈为你这么有爱心的举动点赞、鼓掌！

教师反思

发现幼儿有爱心的品质时，非常的感动！爱心的品质会影响身边的人，当我在观察时，感动之余也要做好适时的引导，让这种优秀的品质感染更多的幼儿。

图 2-3-5　收集木屑

图 2-3-6　把木屑运到鸟笼里

★学习故事：制作靠背

记录对象：小淳、子为、瑾菡、浩嘉、小渝

记录人：罗辉霞　　　　记录时间：20××年6月5日

在来木工坊之前你们已经做好了计划，要给班级的小推车做一个靠背。小淳说："如果我们把这个靠背做好了，那坐这个小推车的人，肯定会很舒服。"说完你就找来了一小块木板放上去，瑾菡试坐了一下说："感觉不是很舒服，木板有点小了，我想大一点应该会更好。"子为、浩嘉、小渝都同意小淳和瑾菡的想法，于是你们开始分工合作。你们的分工非常明确，有一起锯木块、锯木条、找木料的，有找螺丝的、有安装的……你们只用了一个小时的时间就把小推车的靠背做好了，能够如此高效地完成工作，离不开团队里每位小伙伴的努力！

在这个故事中你们有可能在学什么？

看到这个情景我很感动，6岁的你们已经会分工合作，每个人都那么友爱，你们是一个团结有爱的团队，就像一个小小超能战队！忍不住拿起相机帮你们记录下这个美好的时刻。

机会和可能性

第二天户外活动，小伙伴们拿小推车出去玩，都说你们做的这个靠背实在是太舒服了。得到小伙伴们的肯定，你们的心情怎么样呢？是不是觉得能给身边的人带来快乐，是一件很幸福的事情呢？

家长的反馈

这个故事让我们看到幼儿已经有团队合作的意识了，作为家长的我们很开心。不管以后进入小学还是步入社会，团队合作都是不可避免的。感谢老师的辛苦记录，还告诉孩子们他们在这个故事中拥有的品质，这对我们来说也是一笔可贵的财富!

教师反思

你们是一个有爱的团队，今天所做的事情会给更多人带来方便和快乐！

图 2-3-7　合作锯木块

图 2-3-8　合作安装螺丝

图 2-3-9　合作最后安装

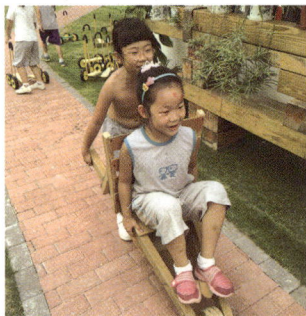

图 2-3-10　小伙伴们很喜欢
我们的小推车！

（二）学会了参与班级事务，做班级的小主人

★学习故事：设计师的木工坊流程图

记录对象：粿粿　　　　记录人：罗辉霞　　　　记录日期：20××年5月18日

今天你早早来到你最喜欢的美工区，曾老师说："我们班的木工坊还没有流程图，不知道美工区有没有小朋友愿意来做这件事？"你马上就回应你愿意。接着你就到木工坊去工作了。

你一边想一边画，还不时和我交流。分区时间结束了你说："还没有完成，我明天还要继续。"接下来的几天这就变成了你最重要的事情！只要一有时间，你就会画、画、画！在做封面的时候，你不会写"木工坊"这三个字，请求我的帮忙。我让你去看看木工坊的挂牌，你的模仿能力很强，看了就写出来了。最让我感动的是，你担心有些小朋友不认识字，就还刻意在封面上画了一些木工的工具；又担心有些小朋友看不懂图片的内容，让我帮你配上文字。真是贴心的小棉袄！

最后，你主动申请和大家分享木工坊流程图的制作过程。听完你的分享后，好几位小朋友都表示要把其他区域的流程图也做出来呢！

在这个故事中粿粿有可能在学什么？

亲爱的粿粿，你为了做好这个流程图，方便大家知道进入木工坊都有哪一些步骤，你整整花了一个星期的时间泡在木工区。为你的坚持和奉献精神而鼓掌！而且你这种精神带动了其他的小朋友，真的是太好了！

机会和可能性

现在我们班级的木工坊出流程图书啦，而你就是这本书的作者！以后有其他班级的小朋友或者其他幼儿园的老师过来我们木工坊玩，一看流程图就能清楚地知道要怎么玩啦！谢谢你！

家长的反馈

收到这份礼物真是太高兴、太激动了！非常的感动，老师这么用心地观察和记录，让我看到了幼儿园里的设计师小粿粿。这一定是粿粿最珍贵的童年记忆，妈妈一定好好保存下来！待粿粿长大时，坐着摇椅慢慢分享。

教师反思

在粿粿制作流程图的过程中，我收获了满满的感动，看到了粿粿的坚持、耐心、大爱、创意等，这些都是属于粿粿的优秀品质！

图 2-3-11　认真画流程图　　　图 2-3-12　完成流程图啦！

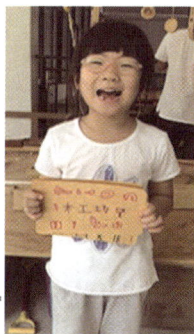

（三）学会了面对困难，解决问题

★学习故事："鸟笼"牌子

记录对象：家齐　　　　记录人：罗辉霞　　　　记录日期：20××年5月18日

今天你到木工坊后直接去木料区，过了一会你找出了一块木料说："我想要给我们组的鸟笼做一块牌子，这样别人一看就知道是鸟笼，但是我又不知道鸟笼怎么写，白老师你可以帮我一下吗？"接着白老师帮你写了一个空心字体的"鸟笼"，我看到了你脸上灿烂的笑容，我想你一定很开心吧。你接过牌子准备安装，你放上去看了看，说："好像这样看不太清楚。"又去拿笔把空心字体小心翼翼涂上颜色。最后准备把牌子用钉子钉上去，你发现钉子不好钉，于是你拿了白乳胶粘，最后你成功地把鸟笼的牌子安装好了！

在这个故事中家齐有可能在学什么？

亲爱的家齐，你这个想法是其他小朋友都没有想到的，包括老师哦！而且你在做这个鸟笼牌子的时候遇到困难总是会想办法去解决！

机会和可能性

你的脑子里有很多很多的想法，这是你最大的财富，相信这笔财富会帮助你解决未来日子里遇到的各种困难，你说是不是？

图2-3-13　寻求老师帮助　　图2-3-14　认真涂写"鸟笼"　　图2-3-15　成功安装好鸟笼的牌子啦！

家长的反馈

没有想到家齐有这么好的想法，这不仅仅让妈妈看到你是一个有爱心的孩子，还让妈妈看到你是一个不会被困难打败的小伙子哦！

遇到困难勇敢解决困难的学习品质是很可贵的，值得我们每一个人去学习！

★学习故事：小推车的扶手

记录对象：小渝、仁仁、子为　记录人：罗辉霞　记录日期：20××年6月25日

今天，你们在阳台上玩小推车。回到教室你们告诉我，小推车没有扶手很容易摔跤，有点不安全。分区时你们来到木工坊，说要做一个小推车的扶手。你们先是拿了一根PVC管来做。首先你们先测量PVC管的长度，测量好之后你们用笔做了记号，再一起合作把PVC管锯成两节（长度一样）。锯好了之后小渝坐到小推车上，仁仁拿着PVC管，你们在商量要怎么把扶手安装上去、安装在哪个位置适合。商量好之后请老师帮忙用电钻钻孔，你们再用螺丝锁上去。但是你们发现用PVC管来做扶手根本就不够牢固。最后你们决定把PVC管拆下来，用木棍来做扶手。你们重复做着刚才的工作，中途子为也加入了。这次你们比第一次更加有经验了，很快就把材料准备好。在安装的时候你们说先安装一边试一试，如果适合再安装另外一边，这样可以节省时间。安装好之后子为坐上去试了一下，感觉很牢固，你们就决定把另外一边也安装上去。

在这个故事中你们有可能在学什么？
首先你们发现了小推车需要扶手，然后花了大量的时间来设计和操作，每个地方都想得很到位、很细致！我很高兴看到你们的默契配合。

机会和可能性
在你们做小推车扶手的这件事情上，我发现你们很善于发现问题，并会积极解决问题，在将来，你们一定会是社会的强者！

家长的反馈
刚开始看孩子们在木工坊玩，都是需要老师手把手教，慢慢地看到孩子们能自己操作了。万万没有想到的是，这么短的时间孩子们的想法却有这么多，这中间还学会了合作。看到孩子不断的进步我们家长很开心，感谢老师对孩子的教导！

教师反思
这个故事让我们看到了孩子们善于发现，也善于想办法把事情做到最好，同时还有在这个过程中的默契配合。孩子们都很棒！

图 2-3-16 测量、做记号　　图 2-3-17 合作用锯子锯塑料管　　图 2-3-18 尝试用塑料管来做扶手！

图 2-3-19 用木棍安装扶手　　图 2-3-20 体验新扶手

（四）学会了计划，创造发挥想象

★学习故事：这是"苹果"

记录对象：妞妞　　　　记录人：罗辉霞　　　　记录日期：20××年6月26日

今天你在木工坊拿了两块木板一直忙活着。先是用锉刀锉平木板的四个角，然后把两块板对齐画了三个记号点，接着用手摇钻钻了三个孔，再用扎带扎好，最后你在上面一块木板上画上了一个苹果的标志，在下面一块木板上画了键盘。我这时才恍然大悟，原来是台苹果笔记本电脑。

在这个故事中妞妞有可能在学什么？

我今天发现你做事情的计划性和执行力都很强，而且你现在在木工坊用任何工具都不需要老师的帮助了。

机会和可能性

做事情有计划和执行力强都是很好的品质哦，而你现在已经拥有了！我很为你高兴！

家长的反馈

谢谢老师在幼儿园为妞妞记录生活中精彩的片段，让我又发现了妞妞的一个优点！

教师反思

幼儿所想的，很多时候我们就预想不到，但只要我们愿意等，一定会给我们不一样的惊喜！

图 2-3-21　制作"苹果"电脑

图 2-3-22　介绍"苹果"电脑

二、教师收获了经验

（一）支持幼儿，给幼儿自由创作的空间

幼儿接触木工的初始阶段，不要给幼儿设定他要做的作品，而是让幼儿自由地选择自己感兴趣的工具与材料进行创作，让幼儿自主探索、发现，发挥自由的想象，创作自己的作品。在幼儿愿意操作、敢于操作的基础上，再逐步渗透一些技能。

（二）接纳幼儿，尊重幼儿的个体差异

木工坊的活动难度系数高，幼儿的能力存在个体差异，教师要注意观察，尊重幼儿的个体差异。如：有的幼儿对锯子的使用不熟练，使用时将锯条弄弯了，这时候教师应该适时介入，给予相应的指导或帮助。请熟练的幼儿示范正确的使用方法，或与幼儿一起玩拉大锯扯大锯的游戏，在游戏中让幼儿体会使用锯子时应该保持直线拉扯才能锯开木头。

（三）鼓励幼儿，提供自我解决困难的机会

在木工区，幼儿经常会遇到一些困难，教师不要轻易直接告诉幼儿要怎么做，而是给幼儿足够的时间去探索发现，直到解决问题。如：

幼：老师这个桌虎钳往哪个方向拧才是夹紧的啊？

师：你试一试看。

幼：我想在这个木板的侧面钉上钉子，可是它总是倒。

师：你觉得要怎样才不会倒呢？

幼：就是让这个木板竖起来，不要动，你可以帮我扶一下吗？

师：我现在有点忙，你再想想有什么办法？

幼：用这个（桌虎钳）可以吗？

师：我不太确定，你可以试试。

（四）激励幼儿，促进幼儿互相合作

我园的"三人行"课程，强调的就是合作学习，在木工区，教师提供机会让幼儿围绕一个共同的目标：讨论、分工、合作、完成工作。如：幼儿合作完成一列火车。首先幼儿会讨论火车的构造，然后进行分工：有的用插销钉在木板上当火车头，有的负责把木板锯成小段，有的负责用弧形的五金件做连接，有的负责将火车头与车厢相连接……当幼儿通过合作完成一项任务，收获的不仅仅是作品本身，更重要的是在此过程中与同伴之间的沟通、协调、团结、进步！这些品质的形成能为幼儿日后的学习与生活奠定良好的基础。

三、家长收获了感动

亲子故事：一位妈妈在过生日的时候意外收到来自女儿亲手制作的礼物，于是写了下面的故事。

窝心的生日礼物

不知道从什么时候开始，生日对我来说是一件很远的事情。家里的那位是理工男，也没有浪漫细胞，所以久而久之，已经习惯了麻木，或者有时候自己都能匆忙地把生日给忘记了。

直到今年的某一天，老师发了一个微信给我，让我猜猜视频里的粿在做什么。视频里的粿正在用心锯一小段木头（当时幼儿园刚刚开始筹建木工坊，也听闻幼儿们特别喜欢在这个区域玩，粿也是这个区的小常客，她特别喜欢在这里设计她自己觉得好玩又有趣的东西），我以为粿只是在做她喜欢的玩具而已，也没有太放在心上！感谢老师后，此事也就抛诸脑后了。

生日那晚回到家里，一进门粿就抱我，说有东西送给我，一定要我闭上眼，这个神秘的礼物才能出现。依照她的要求，我闭上了眼，用手第一次摸到它：一个小平板，上面有一个小圆柱，下面还有四个小轮。睁开眼，这个可爱的小车就出现在我的眼前。粿紧紧抱着我说：妈妈，这是我送你的生日礼物，我爱你！一下子，心里涌上的暖意就打湿了我的眼眶！粿告诉我，做这个小车已经一个星期了，在这过程中有白老师和罗老师的帮助，但在锯木头的时候，有些难度，还有螺丝钉，特别难拧，但她自己都能坚持，只要想着是为妈妈做生日礼物，她就有力量！做这个小

图 2-3-23　送给妈妈的礼物

车，是因为她想和妈妈、爸爸还有小熊坐着她设计的小车一起去旅行。

　　匆忙的都市生活，不自觉中，我们越来越安身立命，我们的心越来越不容易被感动，至从有了你以后，妈妈才有机会学习弯下腰，用120厘米的身高来看世界，才有机会用懵懂的目光直视心灵，让妈妈找回当年孩童美好的纯真。妈妈爱你，我亲爱的宝贝，感谢你给我这样不设防的温柔，让我感受满满的幸福……

——粿粿妈妈

结语

　　木工坊来源于幼儿的兴趣，教师通过发现幼儿的兴趣、追随幼儿的兴趣，经过多次尝试、实践、探索，使木工坊从无到有，从简单到丰富，再到现在颇具规模，深得幼儿的喜欢，幼儿也乐于参与其中。

　　很多幼儿园对创设木工坊之类的区域都存有疑虑，因为容易产生安全隐患，害怕幼儿受到伤害。其实在我们创设木工坊之初，老师们也有这样的担心，但是换

个角度思考，木工坊的操作十分有利于幼儿的成长与发展，不能因为安全担忧而退缩，而是要考虑怎样既能保证幼儿的安全，又能满足幼儿操作的需求。带着这样的思考，在一次次的操作与实践中逐步推进。

一、安全为重

在木工坊的操作中最重要的是保证安全，所有的工具都是真实且具有危险性的。教师在投放之初要建立好安全规则，要经历"先示范——教师引导限定范围使用——自主使用"三个过程。如：中班在使用工具时，就可以在工具上系上绳子，绳子的长短只能限定幼儿刚好使用工具，而不能拿着工具四处走动，也不能碰到其他幼儿，这样的安全限定范围对中班刚开始接触木工坊的幼儿来说起到了显著的保护作用。大班的幼儿在教师示范正确使用方法后，然后在教师引导下使用，再慢慢自主使用，经历这样循序渐进的过程，安全才能得到保障。

二、区域及材料体现层次性

木工坊的创设也经历了从一个空旷的大区域到按功能划分子区域的过程，先后建立了设计部、工具区、木料区、操作区、涂色区、作品展示区等子区域。这样的不断调整让幼儿在操作上更为明确、方便、自如。

我们在材料的投放上也进行了一些思考，从易到难，尽量满足不同能力幼儿的需要，无论是能力较弱的幼儿，还是能力发展到一定程度的幼儿，都能找到适合自己的材料。

三、鼓励坚持与合作

木工坊的工作往往充满挑战，很多时候幼儿不能独立完成，锯木头、钉钉子这类操作容易让幼儿放弃，这个时候教师的适时引导就很重要，及时的鼓励与协助对于幼儿来说是莫大的支持与肯定。对于大班的幼儿，要创设合作的机会，鼓励幼儿之间为了共同的目标商议、实践、解决问题，最终获得成功，这样的亲身体验是幼儿成长道路上的宝贵财富。

四、与多种活动有效结合

我们将木工坊的工作尝试跟小组活动、项目合作学习等进行有效结合，发挥区域活动的延伸价值。

给幼儿提供一个自由思考、动手操作的学习环境，使幼儿在生活中充分表现其想象力、创造力，发挥其积极性、主动性，木工坊就是一个如此美妙的地方！

第三章
欢乐小天地

大眼看区域

★娃娃说

幼儿园的角色游戏区是我们最喜欢的区域之一，这里有娃娃家、厨房、餐厅、理发店……我们会选择自己喜欢扮演的角色，和好朋友一起照顾宝宝、一起"做饭"、一起当小警察……在这里玩游戏真是太开心了！

★师说

角色扮演游戏是象征性游戏的一种，是幼儿模仿和想象的游戏，幼儿根据自己的兴趣与愿望，通过扮演角色，创造性地进行表现。在角色游戏里，幼儿打破真实环境的限制，把自己假装成他人或物，模仿所扮角色的系列行为与特征，从中获得学习与满足。角色游戏可以满足幼儿的模仿与自主游戏的心理需求，发展幼儿的表征、想象与创造能力，并通过促进幼儿自我意识的形成，发展幼儿人际交往的技能，发展幼儿的情感，帮助幼儿形成规则和任务意识来促进幼儿社会性发展。

第一节　我的小天地——环境创设与材料投放

一、角色游戏区设置原则

《纲要》强调环境是重要的教育资源，应通过环境的创设和利用，有效地促进幼儿的发展，要给幼儿创设一个丰富多彩、多层次、具有选择性和自由度的，让每个孩子都有机会接触到的环境，使幼儿通过自己的方式在与环境主动积极的相互作用中获得发展。因此，建构一个完整的、原生态的、持久的、内容丰富的角色游戏区至关重要，角色区的设置应遵循以下原则：

（1）选择贴近生活的主题。

（2）空间要足够大，使幼儿能在其中自由地走动。

（3）可靠近积木区，使之能参与到一些综合性的活动。

（4）儿童规格的家具、架子。

（5）各种材料（小玩具、小道具、配件）等有标记，幼儿可以方便取到。

（6）各种材料都是分类摆放的，并且方便整理。

（7）有各种鼓励幼儿进行早期文字识别和书写的材料，如：食谱、电话号码本、说明书、记事纸条等。

（8）有类似家用窗帘、桌布、花瓶等物品。

二、角色游戏区环境创设

在角色扮演游戏中，幼儿会整合熟悉情境中的直接经验或间接经验，发挥想象和创造进行自我表达，并在游戏交往中获得言语表达技巧、问题解决能力、观察能力、移情能力、想象力、接受别人想法的能力、与人合作能力和符号使用的能力，这些都是认知发展和日常学习的基本。综合角色游戏的特点和幼儿的心理及发展特点来看，角色游戏区的环境创设应根据幼儿心理发展阶段及社会经验习得的层次来进行不同的创设。

（一）小班角色游戏区——尽量贴近幼儿的家庭生活经验

娃娃家是小班最常见的角色主题，为了满足小班幼儿的需要，班级可以同时设置多个娃娃家，这样不仅可以避免幼儿为争夺游戏空间而造成的纠纷或出现无所事事等现象，还可以增加同伴间模仿学习的机会，满足幼儿游戏的愿望。

（二）中班角色游戏区——扩大到社区范围内常见的主题

中班幼儿已具备一定的生活经验及社会认知能力，因此，中班的角色游戏主题可扩大到社区范围内常见的场景中，如面包店、餐厅、诊所、理发店等。

（三）大班角色游戏区——进一步扩大至生活中不常接触的主题范围

大班幼儿在生活经验及社会认知方面已经初具辨识能力，对角色游戏的经验也较丰富，反映的主题也比较多样化，因此，大班的角色游戏主题将进一步扩大至幼儿在日常生活中不经常接触到的范围，例如邮局、照相馆、银行、披萨店等。大班幼儿角色游戏指导的重点应该放在激发幼儿的创新意识，培养幼儿独立解决问题等方面。

三、角色游戏区材料投放

在材料投放方面，我们应根据幼儿的年龄阶段及不同的游戏主题，置备不同的游戏材料。

（一）小班

小班角色区材料以实物和仿真度强的材料为主，帮助幼儿较快进入游戏角色。材料的标签以实物照片为主。

（二）中班

中班幼儿的想象力相对丰富，使用替代性材料的能力更强。我们在提供部分实物性材料的同时，可增加替代性材料的投放，或鼓励幼儿到其他的区角（如美工区）寻找自己需要的替代性材料。材料的标签可以用图标代替。

（三）大班

大班的游戏材料选取，除了服饰和一些必备的特征性材料（例如披萨店的餐盘）需要提前准备外，可让大班幼儿在游戏过程中自己利用原料加工游戏材料，例如：照相馆的照片由幼儿手绘，披萨由幼儿现场用面粉团或橡皮泥制作。材料收纳可以由幼儿自己按照主题收纳到储物柜里，标签以文字为主。

表 3-1-1　角色区主题及其配套材料一览表

主题	场景类材料	特征性材料	辅助性材料
娃娃家	1. 儿童尺寸的家具：玩具柜、娃娃床、梳妆台、小沙发、茶几、小椅子、厨房操作台等； 2. 自制的家电：冰箱、电视机、电脑、洗衣机等； 3. 其他材料：坐垫、靠垫、用以分隔空间的栅栏、屏风	1. 装扮类：围裙、纱巾、墨镜、手提包、时装帽、裙子、项链、领带、西装、围巾、眼镜、公文包、娃娃的衣服、鞋子、发夹、梳子等； 2. 公仔类：大小不同的婴儿娃娃、动物公仔； 3. 仿真或自制食品模型：水果、蔬菜、熟食、糕点、生日蛋糕、面点、糖果、切切看玩具、各种饮料瓶罐、调味瓶等； 4. 餐具：盘子、碗、叉、筷子、勺子、杯子、水壶等； 5. 炊具：灶台、各种锅、切菜板、玩具菜刀、擀面杖、炒勺、搅拌器等； 6. 洗浴套装：牙刷、浴盆、沐浴露、毛巾等； 7. 真实或自制的小家电：微波炉、烤箱、吹风机、熨斗、电话等； 8. 其他材料：奶瓶、购物篮、小推车等	橡皮泥、纸粘土、吸管、保丽龙球、彩色纸团、积塑玩具、图书、钱币代用券等

续表

主题	场景类材料	特征性材料	辅助性材料
餐厅	1. 儿童尺寸的家具：玩具柜、小桌子、小椅子、厨房操作台等； 2. 用以分隔空间的栅栏、屏风； 3. 其他材料：食物或菜品海报、餐厅的标识等	1. 装扮类：厨师帽、厨师服装、围裙、服务员制服、工牌等； 2. 仿真或自制食物模型：面点、菜品、烧烤食品、蔬菜、水果、海鲜、蛋糕、面包、汉堡、冰激凌、切切看玩具、各种饮料瓶罐、调味瓶等； 3. 餐具：中餐套装、西餐套装、盘子、碗、叉、筷子、勺子、杯子、水壶等； 4. 炊具：灶台、各种锅、切菜板、玩具菜刀、擀面杖、炒勺、搅拌器等； 5. 真实或自制的小家电：微波炉、烤箱、冰箱、收银机、电话等； 6. 其他材料：菜谱、价格标签、餐车、托盘、打包盒、袋子、钱币代用券、点菜用的纸笔等	橡皮泥、纸粘土、吸管、彩色纸团、纸条、积塑玩具、绳子、保丽龙球等
医院	1. 医院基本设施：药品柜、桌子、椅子、病床、手术台、挂号处等； 2. 用以分隔空间的栅栏、屏风； 3. 其他材料：医院的标识、预防疾病的宣传海报、医学人体图片或模型	1. 装扮类：医生和护士的服装、帽子、口罩等； 2. 公仔类：婴儿娃娃； 3. 医疗器械和药品：听诊器、体温计、仿真注射器、压舌板、镊子、输液瓶、小电筒、血压器、药包、药瓶、药棉、棉签、绷带、自制仿真药品等； 4. 其他材料：病历本、电话、120救护车等	海绵纸、吸管、橡皮泥、彩色纸条、钱币代用券、纸、粘土、袋子、笔等
超市	1. 超市的基本设施：货品架，收银台，供顾客休息的小桌子、小椅子等； 2. 用以分隔空间的栅栏、屏风； 3. 其他材料：促销海报、超市的标识等	1. 装扮类：超市工作人员制服、围裙、工号牌等； 2. 商品类：糖果、糕点、各种零食、饮料瓶罐、蔬菜、水果、图书、玩具、文具等； 3. 其他材料：电子秤、购物推车、购物篮、收银机、刷卡机、价格标签、标识牌（营业中、休息中）、钱币代用券等	价格标识、彩色笔、吸管、纸杯等

主题	场景类材料	特征性材料	辅助性材料
美发厅	1. 发廊的基本设施：小椅子、梳妆台、镜子、展示架、洗头用的躺椅或小床等； 2. 用以分隔空间的栅栏、屏风； 3. 其他材料：发廊标识、各式发型的图片以及宣传海报等	1. 装扮类：理发师的服装、围裙、橡胶手套、工具箱、工具袋等； 2. 公仔类：芭比娃娃； 3. 理发用品：吹风机、发卷、各种梳子、各款洗发水瓶子、发胶和定型水瓶子、玩具发剪、自制电发棒、毛巾等； 4. 化妆造型用品：各种化妆品、化妆工具、各式假发、发夹、辫子、发圈、假发等； 5. 其他材料：价目表、电话、钱币代用券等	
邮局	邮局的基本设施：邮筒、小桌子、小椅子、邮局服务台标识、送快递信件的摩托车或小货车	1. 装扮类：邮局工作人员的服装、装信或快递的包裹袋等； 2. 邮局用品：明信片、邮票、信封、胶水、笔； 3. 其他材料：电话、对讲机、钱币代用券等	
银行	银行的基本设施：小桌子、小椅子、取款的窗口、银行标识	1. 装扮类：银行工作人员的服装、工牌等； 2. 银行用品：ATM 取款机模型、计算器、验钞机模型、电脑模型、装钱袋、信用卡代用券、信用卡、纸、笔等	各种纸张、纸箱、袋子
警察局	警察局的基本设施：小桌子、小椅子、警察局或派出所的标志，仿真或自制的警用摩托车、110 警车、消防车等	1. 装扮类：交警、消防员、民警的服装、帽子、马甲等； 2. 警用工具：对讲机、电话、仿真或自制灭火器、消防水管、训练枪、信号灯、交通标志等	
剧场	影剧院的基本设施：表演舞台、幕布、带编号的观众座位、音响设备、小桌子、小椅子、化妆间、道具间、梳妆台等； 1. 用以分隔空间的栅栏、屏风； 2. 其他材料：电影或演出剧目的宣传海报	1. 装扮类：各种头饰、假发、纱巾、短裙、小翅膀、腕花、魔法棒、披风等，并可根据演出的具体内容投放； 2. 公仔类：根据演出需要提供木偶、指偶、动物公仔、玩具娃娃等； 3. 其他材料：化妆工具、门票、纸、笔、电话、钱币代用券等	

主题	场景类材料	特征性材料	辅助性材料
影楼	影楼的基本设施：服装道具架、梳妆台、各种背景的幕布、布置艺术的桌椅、栅栏、花架、照片墙等	1. 装扮类：各种头饰、头花、假发、纱巾、短裙、小翅膀、腕花、魔法棒、披风、民族服装、礼服、婚纱、公主裙等； 2. 公仔类：各种动物公仔、玩具娃娃等； 3. 影楼的用品：化妆工具、仿真或真实的相机、自制或真实的电脑、娃娃的照片、质地较厚的纸张、彩色笔等； 4. 其他材料：电话、钱币代用券等	
其他	自制屏风、装饰好的纸箱、假花、各种大小合适的彩布、彩纱		

四、角色区配套环境及材料图片

（一）娃娃家

1.场景类材料

图 3-1-1　娃娃家

图 3-1-2　厨房 1

图 3-1-3　小班角色区

图 3-1-4　厨房 2

图 3-1-5　餐厅

图 3-1-6　客厅

2.特征性材料

装扮类:

图 3-1-7 裙子　图 3-1-8 手提包 1　　　图 3-1-9 手提包 2

公仔类:

图 3-1-10 公仔　　　　图 3-1-11 娃娃

餐具类:

图 3-1-12 厨具　　　　图 3-1-13 餐具

炊具类：

图 3-1-14　锅

图 3-1-15　厨房操作台

仿真或自制食品：

图 3-1-16　饺子

图 3-1-17　蛋糕

图 3-1-18　蔬菜

图 3-1-19　食物

图 3-1-20　冰淇淋

图 3-1-21　寿司

真实或自制小家电：

图 3-1-22　冰箱

图 3-1-23　手机

图 3-1-24　电话

3. 辅助性材料

图 3-1-25　电子琴

图 3-1-26　代用券 1

图 3-1-27　代用券 2

(二) 餐厅

1. 场景类材料

图 3-1-28　厨房

图 3-1-29　餐厅

图 3-1-30　灶台

2. 特征性材料

装扮类：

图 3-1-31　厨师帽

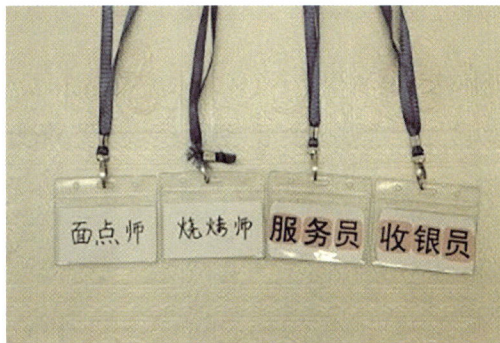

图 3-1-32　工作牌

仿真或自制食品类：

图3-1-33　自制食物　　图3-1-34　玩具水果　　图3-1-35　糕点

餐具及炊具类：

图3-1-36　压面器　　　　图3-1-37　杯子

图3-1-38　饺子模具　　　图3-1-39　勺子　　　图3-1-40　盘子

自制或真实家电类：

图3-1-41　收银机器　　　图3-1-42　收银台　　图3-1-43　冰箱

3. 其他

图 3-1-44　代用券

图 3-1-45　甜点菜单

图 3-1-46　主食菜单

图 3-1-47　菜单封面

图 3-1-48　小吃菜单

图 3-1-49　点菜本

（三）医院

1. 场景类材料

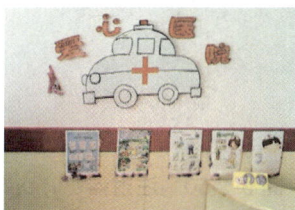

图 3-1-50　医院标识

图 3-1-51　医院装饰

图 3-1-52　物品陈设

图 3-1-53　看病台

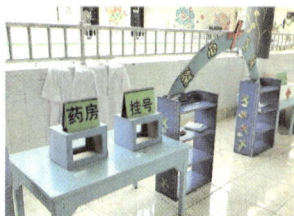

图 3-1-54　部门设置

2. 特征性材料

装扮类：

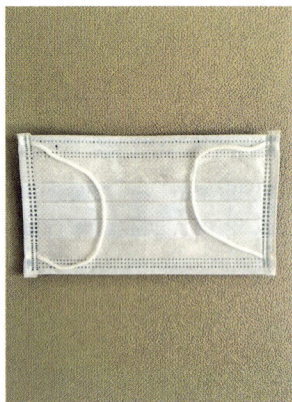

图 3-1-55　口罩

图 3-1-56　医生服

图 3-1-57　护士服

医疗器械及药品类：

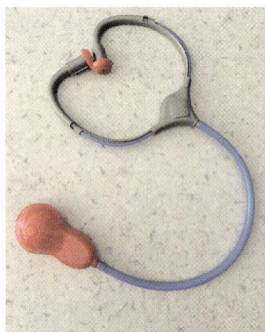

图 3-1-58　听诊器 1

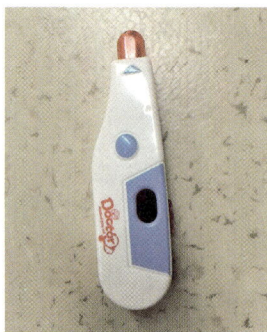

图 3-1-59　电子体温计

图 3-1-60　注射器

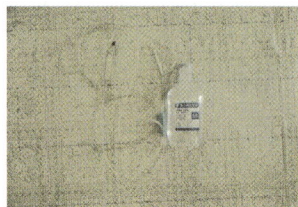

图 3-1-61　吊瓶

图 3-1-62　手电筒

图 3-1-63　口服液 1

图 3-1-64　听诊器 2

图 3-1-65　口服液 2

图 3-1-66　镊子

3. 其他类

图 3-1-67　药箱

图 3-1-68　病床

图 3-1-69　X 光片

图 3-1-70　娃娃

图 3-1-71　人体挂图

（四）超市

1. 场景类材料

图 3-1-72　超市标识

图 3-1-73　食物

图 3-1-74　收银机

2.特征性材料

图 3-1-75　蔬菜、水果

图 3-1-76　冰淇淋

图 3-1-77　购物车

（五）美发厅

1.场景类材料

图 3-1-78　美发厅标识

图 3-1-79　椅子

图 3-1-80　镜子

2.特征性材料

理发用品类：

图 3-1-81　润发油

图 3-1-82　镜子 1

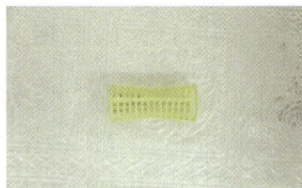

图 3-1-83　卷发器

图 3-1-84　镜子 2

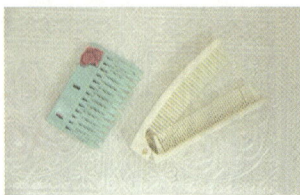

图 3-1-85　折叠梳

图 3-1-86　梳子

化妆造型用品：

图 3-1-87　头花

图 3-1-88　假发 1

图 3-1-89　皇冠

图 3-1-90　发箍

图 3-1-91　化妆品

图 3-1-92　发饰

图 3-1-93　美发模型

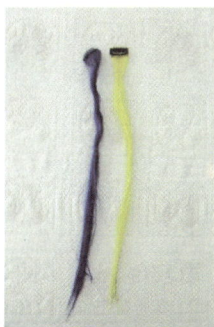

图 3-1-94　假发 2

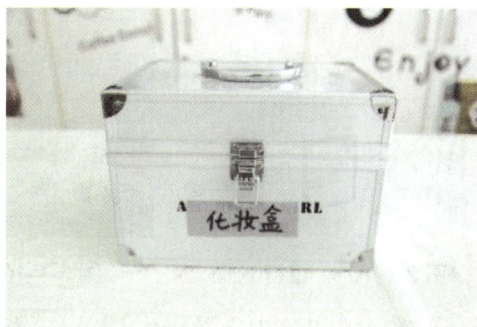

图 3-1-95　化妆盒

（六）邮局

1. 场景类材料

图 3-1-96　邮局场景

图 3-1-97　邮局亭

图 3-1-98　邮局工作台

2. 特征性材料

图 3-1-99　邮递员工作服　　　图 3-1-100　邮递包

（七）银行

场景类材料

图 3-1-101　银行场景　　　图 3-1-102　取款台　　　图 3-1-103　自助取款机

（八）剧场

1. 场景类材料

图 3-1-104　剧场场景　　　图 3-1-105　剧场表演　　　图 3-1-106　剧场舞台

2. 特征性材料

图 3-1-107
服装架

图 3-1-108 电子琴

图 3-1-109 发箍 1

图 3-1-110
发箍 2

图 3-1-111 头花

图 3-1-112
服装

图 3-1-113 发箍 3

图 3-1-114 眼镜

图 3-1-115 发箍 4

图 3-1-116 帽子

图 3-1-117 面具

（九）警察局

象征性材料

图 3-1-118 警察帽

图 3-1-119
警察服 1

图 3-1-120 警察服 2

图 3-1-121 灭火器

图 3-1-122　喇叭

图 3-1-123　手铐

图 3-1-124　帽子 1

图 3-1-125　各类
标识

图 3-1-126　帽子 2

图 3-1-127　帽子 3

图 3-1-128　手枪

图 3-1-129　对讲机

图 3-1-130　警察
服装

图 3-1-131　警车

第二节　欢乐趣事多——活动组织与实施

为满足不同个性、不同年龄段幼儿的不同需求，我们将角色游戏分为若干个主题。小班设有娃娃家等；中班有面包店、医院等；大班有银行、邮局等。让幼儿在角色游戏中根据已有的生活经验，借助想象，运用游戏材料，与同伴进行互动交往。

角色区活动开展的具体组织与实施如下：

一、游戏前的指导

（一）丰富幼儿生活经验，拓宽角色游戏的内容来源

角色游戏是幼儿对现实生活的反映，幼儿的生活经验越丰富，游戏的内容也就越充实、越新颖。

小班的角色区活动的开展，最初主要重复一些简单的生活场景，教师可根据幼儿的已有经验，组织幼儿到真实的场所中进行观摩学习，也可发动家长在日常生

活中带领幼儿有针对性地参观，积累相关生活经验。可以鼓励幼儿从家里带来一些小娃娃、小奶瓶、小鞋子等投放到娃娃家，对于自己带来的物品幼儿会更熟悉，更愿意去操作，也更能带来安全感；可以允许幼儿带来全家福，对于新入园的幼儿来说会起到很好的情绪稳定作用。

中大班角色区活动的开展是建立在小班幼儿的角色区操作的基础上的，因此可以更多地让中大班幼儿关注角色的特定特征，在生活中观察与模仿，教师也要适时地引导，如：在医院，很多孩子一生病发烧，扮演医生的孩子就会说要打针，我们就会组织幼儿进行相关讨论："是不是只要生病发烧就要打针呢？什么时候需要打针？"带着这样的问题，幼儿回到家中可以通过调查、与家长沟通等方式来丰富角色经验。在班级常规中，我们可以运用谈话的形式，如餐前分享孩子们的见闻等，拓展幼儿的经验。

（二）鼓励和协助幼儿按照自己的意愿提出游戏主题

角色游戏是幼儿自主自愿的游戏，其主题应来自于幼儿的需要，老师要善于发现这种需要，启发幼儿思考游戏的动机，帮助幼儿学会确定主题。有了幼儿的前期经验，我们展开"你想开什么角色区"的讨论，幼儿各抒己见，教师也在黑板上记录幼儿的想法，表示对幼儿想法的重视。同时教师也要有自己的思考，如：各种游戏的特点与班级幼儿现状是否匹配，可能对幼儿发展有什么影响，是否能与各领域相互融合、相互渗透。

要让游戏活动更好地整合发展幼儿的经验，这些经验包括认知经验、技能经验和情感经验。当然每个游戏区域都有共同的目标，即语言发展和社会交往，但除此之外最好还能有侧重点的目标，如：照相馆可培养幼儿画人物的技能；银行可以让幼儿在人民币的兑换中灵活掌握加减运算；披萨店可以与泥工活动相结合，等等。有侧重点目标的区域能更好发挥幼儿的潜能。另外，班级如果开展两个以上的角色区，那各个角色区要互补，减少雷同，如：若幼儿喜欢披萨又喜欢麦当劳，但是这两样明显都属于餐饮主题，目标都是发展动手能力，所以只开设一个就可以，此时可以让幼儿采取少数服从多数的方式有所取舍。游戏的主题要来源于幼儿的兴趣和需求，但教师也要做合理的协调与整合。

（三）通过自荐和竞选的方式，引导幼儿选择和分配角色

在开展角色区域活动之前，幼儿自选进区，教师可以有意识地与幼儿讨论：你想去哪个区？你想做什么工作？如果你是经理，你打算怎么开这个店？幼儿自选区域后，各个游戏小组产生了，然后请想当经理的幼儿毛遂自荐，再发表相关就职演说，小组举手表决，产生经理。在这模仿真实社会的情节中，幼儿很认真地面对，自荐的勇气、民主的推选、观点的发表以及竞争成败的成功感、挫折感，都是幼儿社会性发展的丰富体验。

"领头羊"确定了，下面应引导经理考虑分工、设置岗位的问题，让他想想负责的区域需要哪些员工、设置哪些岗位、各个岗位几个人。让经理组织选择此区域的幼儿说说自己想承担什么岗位，如果两个人竞选一个岗位，要么猜拳轮流当，要么其他员工举手表决。在角色游戏中幼儿比较容易产生纠纷，猜拳和轮流是较好的解决办法（问题是最好的学习机会）。角色分配好了，按照岗位设置的员工牌就由经理在每次活动前发放，这样使每位幼儿明确自己的角色，责任感也会油然而生。

游戏前教师的角色： 教师更多是引导者和协助者。为了丰富幼儿的角色经验，可以组织幼儿到周边的社区去参访超市、社区等，引导幼儿有意识地去了解职业角色，并协助幼儿准备角色游戏材料。

二、游戏中的指导

（一）指导幼儿丰富游戏内容和情节，提高游戏水平

教师可参与游戏，通过角色的身份来指导游戏。教师扮演角色，一方面可以调动幼儿的主动性和创造性，同时可使游戏内容和情节得到自然丰富的展开，而不会使幼儿感到被干涉，在不知不觉中提高幼儿游戏的能力和水平。教师要做一个有心人，有一双慧眼和一颗灵动的心，善于发现游戏推进的契机。

如：班级设立的影楼区，初期只开设了照相馆，只拍证件照和博士照，有的小女孩喜欢婚纱，于是自己带来了婚纱裙。后期我们就拓展了思路，提供少数民族服装、演出服等，幼儿还设计了伞、花等道具。角色方面还研发出了形象设计师，区域设置增加到接待处、装扮区、摄影区，流程也越来越清晰：服务员介绍服务种类——找形象设计师装扮——摄影师拍照——交费——取照片。当教师发现幼儿缺乏规范、文明的服务用语时，就与幼儿共同承担角色，示范礼貌用语，幼儿自然地接受、模仿，学会了待人接物的方法，顾客也越来越多，生意也越来越好。

再如：披萨店的幼儿刚开始也是只做最基本的圆形披萨，后来幼儿无意中创新了爱心形、笑脸形、蝴蝶形披萨，思路一下拓展了。幼儿还结合深圳大运会主题推出新品种——悠悠披萨。这样，小厨师做得越来越有激情，越来越有创意。

（二）在问题解决中推进游戏的开展

在幼儿游戏的过程中，出现各种纠纷问题是再正常不过了：幼儿之间争抢材料、有的员工不做事、有的擅自离岗……面对告状，教师要平和对待，尽量让"经理"调节、处理，培养幼儿解决问题、自我调节的能力。但由于幼儿经验有限，教师也要适时参与或引导经理处理问题的方式方法。很多孩子一当上经理，就很强势，都是用命令口气指示员工，教师要注意引导他们把需要做的事列出来告诉大家，然后让员工自己选择做什么事，并把一些典型的问题放在班级讨论。经过一段

时间的培养，经理与员工的相处和谐多了。

教师不要怕出现问题，只要做个有心人，问题反而能给我们带来思考和灵感。如：银行刚开业，只安排了两个银行工作人员，一位幼儿没有找到游戏的真实感觉，想要钱，没活干；经理没发卡，没法取钱，他就跑到银行去抢钱了。出现问题后，教师把问题抛给幼儿："大家说说该怎么办？"幼儿说银行要有保安，还要有运钞员。由此，丰富了游戏情节。

（三）引导幼儿遵守必要的游戏规则

角色游戏包含内部规则和外部规则。内部规则是角色本身的职责及角色间的相互关系，如要坚守岗位，听从经理安排；外部规则是开展游戏所必须遵守的游戏规则，包括不干扰他人的游戏，游戏结束按类别收放玩具和游戏过程中的环境卫生等方面。

在内部规则方面，幼儿有时会做一些角色职责外的事情，或者不理解角色间应有的关系，这是幼儿的社会生活经验不丰富、对角色的体会不深刻造成的。在指导时，教师要引导幼儿发掘角色的任务，按角色间应有的关系行动，模仿现有社会规则。比如：有些员工角色任务意识不强，易受周围环境干扰，一会儿离岗，一会儿跑到其他区玩，于是通过幼儿民主商定规则：经理给三次机会提醒，如果还不改，就把他变成试用工，或者辞退。这种模拟真实社会的场景，将游戏的规则深入到幼儿心中，让幼儿知道要对自己选择的角色负责，学会付出、坚守、控制，责任感就自然培养起来了。

在外部规则方面，由于幼儿往往对自己参与制定的规则比较乐意接受，所以我们可以引导幼儿共同制定和完善游戏规则。比如：银行卡的面值问题，物价问题，钱何时回收、如何发放问题等。

游戏中教师的角色：教师更多为观察者与支持者。当幼儿都能顺利开展游戏时，我们更多时候是作为观察者，去记录、发现孩子的小进步、闪光点，挖掘幼儿行为背后的原因。当幼儿需要帮助和鼓励时，当幼儿遇到困难时，去支持他们，给他们力量！

三、游戏后的指导

（一）让游戏在愉快自然的状态下结束

在愉快自然的状态下结束游戏，能保证幼儿下次继续游戏的积极性。所以，教师要把握好结束游戏的时机和结束游戏的方法，应在幼儿情绪尚未低落时结束游戏，这样可以让幼儿意犹未尽，对下次游戏充满期盼。教师结束游戏时最好以角色身份提醒幼儿"时间到了，我们该下班了"。如果售货员没卖完东西，还有很多人等候拍照，也可以教售货员、服务员说："对不起，下班时间到了，请大家明天再来！"

结束游戏，可以各个区域一起结束，也可以根据情况逐一结束。如：可以让收拾材料需要时间较多的区域先结束，也可以让游戏情节正处于高潮的区域在场地允许的条件下继续游戏。

（二）做好游戏后的整理工作

游戏结束后整理场地、收拾玩具既是方便下次活动开展的必要条件，又是培养幼儿良好生活习惯的重要时机，教师千万不可包办代替，要引导幼儿有条理地收整材料、分类打包，让幼儿学会分工合作，做事有始有终。

（三）分享、总结游戏

角色游戏的分享、总结非常重要。成功的分享、总结对提高游戏质量、发展游戏情节和巩固游戏中所获得的情绪体验等有着直接的导向作用，我们采用了分组、集体评价，幼儿自评、互评和教师评价的不同方式来培养幼儿的反思评价能力。

小组分享：每次活动结束，我们先分组进行回顾和总结，让每位幼儿对自己的职责、任务、贡献、坚持性、物品收拾等方面进行反思和自评，然后让幼儿说说小组人员中你最喜欢谁，为什么？小组评选最佳员工。很多幼儿观察非常仔细，指出的问题很具体，不仅对被评价人起到提醒作用，对同伴也是一种预警，由此也培养幼儿的自我反思能力，实现生生互动。幼儿评价都很客观，同伴之间的评价一来没有压力，不会引起幼儿逆反；二来他们也会认真对待，虚心接受对方意见。

集体总结：小组分享一般人人参与自评和他评，但集体总结时一般由教师主导，一般把握在三至五分钟的时间，针对活动中的亮点、值得推广的经验和普遍存在的问题进行描述，如：捕捉到的典型情节，活动中生成的好的经验等，这样能推动下次游戏有效地深入。对存在的问题，可以引导幼儿讨论，提出解决办法，如：材料是否需要补充，人员如何配置等，让幼儿发挥主人翁意识，在分析问题、解决问题的过程中得到经验的提升。

个别交流：对于个别需要引导的幼儿，教师可以采取单独交流的方式进行沟通，进行有针对性的引导。

游戏后教师的角色：更多倾听幼儿的心声，同时根据幼儿在角色游戏过程中出现的问题进行集中教研，针对问题进行讨论，以"试行—调整—再试行—再调整"的过程，达到较为理想的状态。

第三节 欢乐小档案——幼儿的发展与收获

美国社会学家米德曾指出，幼儿社会化过程分为两个步骤，一是模仿阶段，二是游戏阶段。游戏是幼儿社会习得的重要组成部分及必经的发展阶段，角色游戏对幼儿的认知发展起着重要作用，幼儿通过扮演不同角色来感知他人、感知社会，在此过程中逐渐学会相互理解、信任、帮助，并学会团队协作、反馈和支持。

根据不同年龄段的幼儿在角色游戏中的表现，我们发现小班、中班、大班幼儿在角色游戏中的典型表现各有其规律及特点，可将幼儿的发展做出如下总结。

一、小·班幼儿在游戏中的典型表现

（一）游戏主题和内容的理解能力

（1）对模仿成人的动作或玩具感兴趣，游戏主题单一、情节简单，主要是对现实生活中某类角色的典型活动的模仿，喜欢反复玩同一主题的游戏。小班幼儿还不能完整感知和认识成人活动的全过程，只对成人活动中与自己密切相关的部分或自己感兴趣的内容留下较深刻的印象，产生直接的感受。

行为案例：

扮演医生就一直用注射器给小朋友打针；扮演司机就一直拿着方向盘嘴里发出嘟嘟的声音做开车的动作。

（2）喜欢模仿同伴的游戏行为，很容易改变自己的游戏内容。

行为案例：

融融在给宝宝穿衣服，衣服还没穿好，看到另一个小朋友手里提着包，马上放下娃娃也找了一个包。

（3）小班后期，角色的内容有所增加，能反映某个角色的几种活动。

行为案例：

扮演妈妈模仿"妈妈"的行为给宝宝喂饭、烧菜等，但是无论是从活动形式还是幼儿的内部想象来分析，都不具有连贯性，想到什么做什么，是分散的。

（二）扮演角色的认知能力

（1）角色意识不明确，主题和角色不稳定。

行为案例：

小宝拿着篮子在上下晃动，看到小马躺在地上，他拿起小马放在篮子里，拎着到处走；看到菲菲在切面包，他马上丢下篮子，去抢夺菲菲手里的玩具小刀。

（2）喜欢反映熟悉角色中的个别行为，但对角色和规则的理解较差。

行为案例：

念念非常喜欢扮演医生这一角色，今天她说是在给东哥听一听肚子里有没有虫子。不一会儿，她又用听诊器敲打床面。

（3）喜欢摆弄直观形象性材料。

行为案例：

小橱柜上的一筐玩具水果和蔬菜，是东东的最爱。他每次到娃娃家，都要摆弄这些蔬菜和水果，反复摆弄。

（三）交往能力

（1）以独自游戏、平行游戏为主，儿童之间相互交往少，常独自玩，或与同伴玩相同或相似的游戏。

行为案例：

小贝拿着一块玩具面包，一个人坐在小床上，大口大口地假装吃面包。他旁边的菲菲用小勺在锅里搅动着，两个人各玩各的，互不理睬。

（2）易抢争玩具。

行为案例：

男孩："我当爸爸，你来当妈妈！"

女孩："好！我来给宝宝烫衣服！"

男孩："好！我们一起烫！"

女孩："不！我来！"

男孩："我来！"

两人立刻争抢起来！

（四）语言表达能力

（1）在游戏中常对着材料自言自语。

行为案例：

果果进区后选了厨房里的一份点心，她将点心切成三份，分别放在了三个盘子里，然后再合在一起，再次操作切、分的游戏过程，嘴里还不停地说："我今天要切很多很多的蛋糕给客人吃！"

（2）对重复性的词或句感兴趣。

行为案例：

歪歪手里拿着方向盘，嘴里不断喊着：咕咕吧，咕咕吧……一直在重复着。随后，冰冰也加入叫"咕咕吧"的行列，不一会心心、璐璐都加进来了，他们一起重复着。

（五）持久性

幼儿在游戏过程中经常中断更换区域。

行为案例:

歪歪在医院里给娃娃打针,不一会又去旁边的厨房做饭,看到别人搭积木,他又跑去搭积木。

二、中班幼儿在游戏中的典型表现

(一)游戏主题和内容的理解能力

(1)认知范围扩大,游戏内容趋向丰富,游戏处于"唤醒"经验状态。

行为案例:

他们首先会给自己找到一个角色,然后带着这个角色去做所有想做的事。但选择的角色仍有限,往往局限于他们生活中常见的妈妈、医生、司机等;或是对他们熟悉的故事中的人物扮演有浓厚兴趣,如:孙悟空、小红帽、三只小猪等。

(2)游戏情节丰富多变,思维活跃,游戏主题还不够稳定。

(3)游戏内容尝试着突破、求新、求变。

(4)体现出了一定的生成游戏的能力。

行为案例:

幼儿在选择角色后,能简单设计游戏情节,把某个角色的几种不同活动或动作排列起来,使之具有一定的连贯性,如:叫"娃娃"起床、穿衣、吃饭、上幼儿园;开车去上海、去深圳等。但很快就会改主意,如:用积木搭马路,用凳子作汽车在路上走。

(二)扮演角色的认知能力

(1)有了角色归属感,角色行为逼真,并以该角色身份去做各种事情。

(2)遇到问题能有意识使用替代物,能围绕情节一物多用,主动寻求低结构材料。

(3)能边游戏边想象,使角色行为发展走向深入。

行为案例:

小贝抱着娃娃走进小超市,认真选择着要买水果,边选边说:"宝贝,爱吃苹果吗?火龙果呢?哦,这里有香蕉,那我们买香蕉吧。来,闻闻,看香蕉香不香。"说着,把娃娃的脸按在香蕉上。

小贝拿着香蕉对盈盈(服务员)说:"我要买香蕉,多少钱?"

盈盈说:"八十块。"

小贝空手假装拿着钱递给盈盈,说:"给你。"

盈盈做接钱状,假装揣进口袋里。

(三)交往能力

(1)有一定的交往意识,可以和多个区域互动。

（2）可以和其他同伴远距离通话互动。

（3）交往过程、遵守规则等方面较易发生冲突。

（4）初步懂得与同伴协调关系，具有从联合游戏走向合作游戏发展的趋向。

行为案例：

在超市里，盈盈、小林、名涵、飞儿等四个人在里面玩，盈盈边摆弄花盒子边说："我来当收银员吧，小林，你当推车的，把水果推过去。"飞儿说："那我当卫生员擦柜子吧。"名涵盯着盈盈手里漂亮的花盒子，说："我也要当收银员。"盈盈说："不行，我已经当收银员了，你不能当。"两个人争执起来，后来抢花盒子，把盒子抢坏了。游戏前有商讨计划、分配角色、商定游戏情节的行为，但是不稳定，易变，较容易发生冲突和矛盾。

（四）语言表达能力

（1）角色互动中流露真情实感，语言交流明显增多。

（2）互动的过程中，与同伴协商、谦让的语言增多。

（3）能主动询问、关心他人。

（4）能用简单的语言、动作表现自己所扮演角色的基本特征。

行为案例：

建筑工地上，雷雷和小贝在搭城堡：

雷雷：看，城堡马上变高啦！

小贝：对，来，加上这块红色的，更漂亮。

雷雷：三眼怪老远就能看到城堡。

小贝：对呀，红色，很远都能看到。

雷雷：你看我们窗帘下面那个红筐，我一下就看到了。

小贝：我也一下就看到了。

雷雷：我们多拿几块红色的吧，更好看。

小贝马上找，小贝：呀！没有红的啦！

雷雷：那怎么办？

过一会儿，小贝：我们用红纸贴吧。

雷雷：好！

（五）持久性

（1）自主行为增多，会按自己的意愿选择游戏，自主控制游戏的过程。

（2）规则意识不完善，还没有达到自律的水平，更多地是以规则去约束他人。

（3）容易受干扰、脱离角色、游窜现象仍然比较普遍。

行为案例：

区域活动中，频频换区。男幼儿对当建筑工人比较感兴趣，也有的热衷于当警察，但是当看到筐子里有很多动物时，又想去摆弄那些动物，然后又兴致勃勃地给动物们打围墙造动物园，但往往还没搭几块砖头，又会去当小司机开车。

三、大班幼儿在游戏中的典型表现

（一）游戏主题和内容的理解能力

（1）游戏主题广泛，游戏情节多变，游戏内容丰富，游戏角色多样，表现出复杂的社会活动。

（2）对某一角色有自己的偏好，但不抗拒尝试其他的角色。

（3）在与人和物的互动中，经常生发新创意，不断拓展游戏内容。

（4）乐于通过自制玩具，或用想象中的物品或动作替代所需物品来开展游戏。

行为案例：

在"小邮局"游戏中，铭铭非常喜欢自己"送报纸"这一角色，她按照预先设定的大班办公室、保健室、厨房、门卫室、大三班等几个投递点，穿梭在一楼的走廊上，兴奋得小脸通红。她每到一处，都会礼貌地说："您好，我是小邮局投递员，这是您订的报纸。"

在披萨店里，浩浩正在专心制作披萨，他用彩色的橡皮泥，制作出一张五彩披萨饼，当听到客人说："哇，你做的披萨好看又美味！"他很开心地说："我还会做鸡肉披萨。等会就做给你吃。"

（二）扮演角色的认知能力

（1）能按照自己的意愿主动选择角色，设计游戏情节，并能即时融入所扮演的角色和主题情境中。

（2）能根据对角色社会职责的理解，较逼真地再现角色行为。

（3）重视并享受角色进行服饰装扮的过程。

（4）能自觉遵守并不断完善游戏规则。

行为案例：

在餐厅游戏中，服务员要客人点菜，客人点了羊肉串，当没有羊肉串时，客人和服务员就找出橡皮泥做出羊肉串。他们甚至想出了用彩色泡沫纸条串在竹签上，做成海带串。

（三）交往能力

（1）喜欢和同伴一起游戏，乐于分工合作。

（2）喜欢提醒并纠正同伴不适宜的行为，发生冲突时多数能和同伴协商解决。

行为案例：

"爱婴房"游戏。商量分工：接待顾客、为宝宝洗澡、喂奶、收款、管理员。一旦有人"脱岗"跑掉，马上就会有人去追回，并告知不能随便脱岗。

（四）语言表达能力

（1）角色语言丰富、形象，并能用完整语言来表达自己的想法。

（2）乐于分享自己的游戏体验，会评价自己与别人的游戏行为。

行为案例：

小剧场游戏：从开始的自导自演，到如何邀请观众，到设立售票窗口，再到排座位、挂海报。在游戏逐步深入的过程中，幼儿的语言发展得到充分展示。

（五）持久性

（1）能持续扮演自己的角色，不易受环境的影响而随意变更。

（2）遇到困难能够自己想办法克服，不轻易放弃和求助。

行为案例：

一般大班小朋友的角色游戏能够持续45分钟左右。他们在游戏中会受到同伴启发，使得游戏不断连续、拓展。如：小邮局，从制作报纸、贺卡、小礼物，到送报纸、贺卡、小礼物……

附：角色区案例实录

案例实录：小医生

镜头：角色游戏中，扮演客人的女孩君君在餐厅玩了7分钟点菜用餐的游戏。接着，她捂着肚子，一副难受的样子，到旁边的医院看病。扮演医生的希林连忙迎上去，问："怎么了？肚子痛，是吧？"连忙拿小椅子让君君快坐下。希林准备拿病历本记录，扮演护士的芸芸殷勤地给医生递上听诊器，希林开始给君君看病。

君君马上观察到芸芸没穿护士服，并发出疑问。芸芸在君君的提醒下，连忙拿出护士服穿上。

君君好奇地动了动听诊器，希林连忙大叫："别动！"他随手拿了两盒药给君君，并认真叮嘱道："回去一天两次，一次一个。"而君君关注的是药盒里究竟有没有药，先摇了摇，然后打开药盒去看。希林小声说："假装有，行吗？"君君指着柜子告诉希林那里有药丸，希林放了一些胶囊和药片在盒子里。

　　这时，旁边的餐厅里又有一个客人萍萍大声叫肚子痛，希林连忙说："不能一下子来两个病人。"然后，打开药盒继续叮嘱君君："这个一天一次……"

　　希林在病人走后，继续之前的游戏：给芭比娃娃穿鞋子。

　　这时，萍萍也捂着肚子，走进医院说："我胃疼。"希林赶紧迎上去问："胃疼？吃了什么坏东西吗？"萍萍说："我就吃了一个草莓蛋糕，还吃了两根羊肉串。"希林很认真地在病历本上做记录。然后拿了一盒药给萍萍说："一天一次。"但是，他看了看药盒上的文字后，改口说："一天三次。"在一旁看的君君说："这个盒子里有药的。"萍萍摇了摇药盒，听到有声响，满意地说："谢谢医生！"走的时候，她想起来问希林："这个要配水吗？"希林很自信地说："当然要，这是颗粒！"

　　希林又捡起他的芭比娃娃，听了听旁边餐厅"上菜"的声音，然后做了一个关门的动作。旁边餐厅里君君问："没有病人啦？"希林说："我们已经关门了。"他征询式地问了问扮演护士的芸芸："对吧？"

　　萍萍这时把药盒还回来。

　　这时，君君捂着额头走过来说："我发烧了。"希林发牢骚地说："哎呀，我忙不过来！"但还是拿起手电筒很仔细地照了照君君的喉咙，然后在病历本上记录后，拿了三盒药给君君，并交待："这三盒药同样的，每天一次，每次一粒，假装吃啊。"君君抱不了三盒药，掉在了地上。她说："拎不过来啊！"希林想了想说："你要去投诉。"君君还是关注药盒里的药，打开来看。

　　希林说："我要叫外卖了。"他拨了拨号码，拿起电话大声说："喂，外卖，是餐厅吗？送到隔壁医院来，我要兰州拉面！"他好心情地帮君君拿稳药，催她："走了！"然后，又拿起电话强调："外卖送到隔壁医院！"

　　君君把药盒还回来。这时，餐厅把兰州拉面送来了。希林说："再来勺子！""再来个碗！"然后，得意地把面从大碗夹到小碗里。

　　餐厅里的客人连忙也点了兰州拉面，餐厅里的服务员告诉希林："还有客人要兰州拉面，给我们一点。"希林把大碗还给服务员，服务员惊奇地笑着说："一桶都还给我们啊，一桶啊，来一桶啊……"

　　分析：
　　在本次游戏活动中，幼儿根据扮演的角色不同，经历了相对应的发展认知过程。

1. 能认真主动地承担自己所选的工作，并获得更多对医生职业的认知。

围绕着"医生"的工作，希林有较多的体验，能针对不同的病情，采取用听诊器听心跳、用手电筒照喉咙等相应的手段给病人看病，然后认真地在病历本上做记录，每次拿药给病人时都有仔细叮嘱服法。即使在医院"打烊"的情况下，还是认真给病人看病。而且在他人提醒下，他用上听诊器、关注到药盒里要放进药片、颗粒状的药要配水服用，逐步熟悉医生的业务。

2. 能自主决定，独立做事，增强了自信心。

在游戏过程中，希林能主动询问病人了解病情，及时做出诊治判断，拿药也是毫不犹豫，并且始终把握游戏的进程，丰富着游戏情节，如：关门、叫外卖等，体现出较强的自主意识。

3. 能随着活动的进程，始终保持良好的情绪状态。

希林忙碌于给病人看病，从比较耐心到注意力转移，关门叫餐厅送外卖，其中他并不迁怒于休息时间找上门来的病人，只是适度表达了自己的抱怨，而且他通过叫外卖、吃面条、喝饮料，自己推动着游戏，用积极、愉快的情绪影响着其他幼儿。这一过程培养了幼儿的情绪调节与控制能力。

4. 在与同伴的交流中，思维活跃，反应迅速，表达清晰、简练。

在出现"病人"抱怨拿不了那么多药的情况下，希林能主动思考，联系生活中的实际，叫"病人"去投诉，说明他思维活跃，社会经验比较丰富。在多次与病人的互动交流中，不管对什么问题，他都能注意倾听，并给予积极的回应，包括盒子里没有药，他马上与病人协商假装有行吗？在这些应对过程中，发展了他的思维能力、想象力、判断力和语言表达能力。

5. 能用自己的表征方式进行病情记录。

每一次，希林都能在病历本上用数字、图画来表现自己对病情以及治疗的理解，培养了幼儿的表征能力。同时，同伴们对此的好奇与关注，又是极好的同伴学习的机会。

6. 在角色扮演中充满兴趣，有较强的角色意识。

君君多次扮演病人的角色，能表现出不同的病情，关心药盒里有没有药，算是一个比较负责的"病人"。

7. 关注细节，有一定的生活体验。

君君对护士没穿服装的提醒，对药柜和药盒的药丸的关注，说明君君很细心，而且对于医院也有一定的体验。

反思与促进：

　　整个游戏过程反映出该组大班幼儿能够有计划地安排自己的角色和游戏情节，活动目的也越发稳定，对于自己主动选择的角色坚持的时间更加持久，规则意识也更加强烈，彼此之间的合作更加默契，情境之间的相互联系、相互推动也更加频繁和多样。幼儿们都获得了愉快的游戏体验。

　　活动中可见幼儿的医学常识显然还不够丰富，职业语言比较贫乏，对于医生职业行为的多样性也缺乏认识，教师可以通过创设一些隐性的教育环境，启发幼儿游戏，帮助迁移经验，如：提供有关介绍医生的书籍、影片，张贴一些与医生职业相关的图片资料，包括人体解剖图、人体模型等。并通过引导幼儿对医生的职业讨论，启发幼儿回顾对所扮演角色的工作与体验等，来促进幼儿之间的相互学习。同时，为了促使情境更加真实，教师可以通过提供增加一些真实的医疗器械（包括绷带、止血贴、输液瓶、药箱等），自制更多形态的药品来激发幼儿思维和想象力。还可以增加一些关键材料来满足大班幼儿贪新鲜、爱创意的特点，推动游戏情节的进一步深入发展，如：120急救车、钱币代金券等。

结语

　　角色游戏是幼儿最典型的游戏之一，是幼儿实现社会化的重要途径。角色游戏体现了幼儿交往、社会性等方面的发展。小、中班幼儿通过开展角色游戏可以发展语言能力和游戏水平，大班幼儿随着年龄的增长和经验的不断丰富，获取更高层次的认知发展。同时，角色游戏能促进幼儿与同伴之间的交往，正如陈鹤琴先生所言，要关注儿童的成长，就必须关注儿童的游戏。因此，角色游戏区对幼儿的成长至关重要。

　　在创设角色游戏区环境时，应充分考虑幼儿的需求、兴趣及发展阶段，投放适宜幼儿年龄的材料，让幼儿通过与材料、同伴之间的互动，获得个性化发展和学习。

　　在组织与实施过程中，教师要在游戏前、游戏中、游戏后进行有效、针对性地引导。同时，在活动的具体组织与实施过程中要注意观察，通过观察进行细致的活动计划与安排，将区域活动有效地与集体、小组、项目合作学习相结合，避免内容单一、形式单一的现象发生，全方位促进幼儿的自主参与与发展。

　　只有来源于幼儿兴趣的角色游戏，才能深得孩子们的喜欢。我们在实践中发现，角色游戏的开展不仅可以凸显区域活动的特点，立足于以幼儿为本，幼儿在游戏中的自主性、创造性才能得到很好的发展。幼儿充分体验与探索，增强自信，还能彰显幼儿个性，让幼儿用自己独特的方式去表达自己对社会、对世界的理解与认知，增进与同伴协作的能力，提高解决问题的能力，从而更有效地促进每个幼儿在原有水平上的发展。

第四章
缤纷乐园

大眼看区域

★娃娃说

　　我希望我的美工区能像蝴蝶一样有着色彩斑斓的花纹，像城堡一样充满童话色彩，在这自由的天地里随心所欲地用画笔和颜料去描绘我的心情，用各式各样的材料去制作我喜欢的恐龙、汽车、房子等任何自己想要的作品，可以送给妈妈、好朋友甚至是外星人，又或者用来装饰这个充满色彩的童话王国，这就是我心目中的"美工区"。

★师说

　　美工区应该成为一个让幼儿感受美、表现美的小天地，为他们的游戏、学习与创作提供适当的环境和条件，营造良好的艺术氛围，使幼儿自由地观察、欣赏各种不同的艺术品，任意选用不同的工具和材料，并根据自己的兴趣和意愿与同伴友好地合作，在宽松、愉快的环境中尽情发挥创造性思维，发掘他们的创造潜能，有条理地进行各种美工活动，创造性地表达自己的情感与认识，从而提升幼儿的审美能力。

第一节　彩色俱乐部
——环境创设与材料投放

一、美工区的设置原则

（1）位置靠近水源。
（2）桌子和椅子的高度适合孩子，桌面要足够大。
（3）有画架供幼儿自主涂鸦。
（4）各种材料分类摆放在低架子上，且有标记便于幼儿取放。
（5）区域内有晾干作品和放置未完成作品的地方。

（6）有陈列或展示幼儿作品的地方，展示应在孩子的视线内。

二、创设美工区的基本条件

美工区的创设要从幼儿的需求出发，在光源、水源、干扰、空间四个方面去考虑。

（1）光源条件：自然光线是最好的选择，也可以适时地增加人工光源，柔和的暖光是较好的选择。

（2）水源条件：临近水源是美工活动的需要，方便孩子清洗。

（3）抗干扰性：美工区应与较为安静的区域划分在一起，将区域之间的干扰降到最低，也能让孩子专心地投入创作。

（4）空间范围：保证美工区有较大的空间范围，满足孩子欣赏画作、自由发挥、小组创作的需要，同时要有足够的作品展示的空间。

只有当这些外部环境的条件达到时，才有可能满足幼儿的内在需要，激励幼儿的兴趣爱好，同时满足幼儿自主游戏、自主学习、平行交流的需求。

图 4-1-1　临近阅读区　　　　图 4-1-2　靠近光源　　　　图 4-1-3　临近水源

（一）美工区分阶段环境创设

根据幼儿发展阶段的不同需求，可将美工区环境创设分为三个阶段，即：初期，孩子初入幼儿园；中期，已经适应幼儿园一日生活；后期，在已有的经验基础上不断提升。

1. 初期：（第一个月）

美工区设置之初（9—10月），应与班级的大环境相融合，同时应该凸显美工区的特色和艺术氛围，从感官上刺激幼儿，让幼儿愿意来到其中玩美工游戏。色调上不适宜过于花哨，多采用平和、淡雅的主色调，让幼儿能放松舒适地置身其中。在材料选取上可先投放能让幼儿自由发挥，没有限制的水粉颜料、橡皮泥。五彩斑斓的颜料永远是孩子的最爱，水粉颜料配以大号水粉笔、大张画纸，绚烂的色彩在纸上随意自由地挥洒；橡皮泥可以让孩子根据自己的想象搓捏出任何造型，配以一些简单的工具，孩子们的小手肌肉可以得到很好的锻炼。这期间的另一个重点就是让幼儿熟悉美工区材料的摆放、分类和使用方法等，良好的常规是活动有序开展的保证。

图 4-1-4　色彩鲜艳的颜料

图 4-1-5　可以自由塑型的橡皮泥

图 4-1-6　幼儿用小手创作

2. 中期：（第二个月）

幼儿入园两个月之后，开始适应幼儿园的一日活动，对美工区有了一定的了解，原有的材料已经不能很好地、有效地吸引他们的好奇心。因此，此阶段的目标是，为幼儿准备便于操作、感兴趣的工具材料，以吸引他们的探索欲望，提升已有经验。工具的使用是此阶段的重点，剪刀、胶棒、胶带、印花机等，有了这些工具的辅助，再搭配多种材料，幼儿就能将平面作品打造成立体作品。同时设立"已完成作品"和"未完成作品"的收纳盒，让幼儿慢慢学会连续完成一幅作品，也能体现作品的层次性和完整性。作品日渐丰富后，作品的展示也非常重要，不但可以装饰教室环境，而且建立孩子的自信，提高他们对美术活动的兴趣。

图 4-1-7　幼儿做粘贴画

图 4-1-8　幼儿借用工具作画

图 4-1-9　作品盒

3. 后期：（三个月以后）

幼儿在园的生活逐步稳定，对区域活动开始熟悉并乐于参与其中。美工活动涉及的工具、材料非常之广，活动内容也千变万化，为了保护幼儿的奇思妙想，满足他们的创作欲望，发挥自己所长，可以将美工区进行系统的简单规划，比如把一个母区域划分成功能不同的多个子区域，使区域活动更加多样化，扩大了区域的使用功能。一个"包罗万象"的活动区角，要能给幼儿多种选择的机会，让幼儿能根据自身能力发展特点主动地寻找自己喜欢的方式去创作，孩子在这一过程中获得不同材料融合创作的惊喜，积累多种经验，丰富审美意识，成就感和自信心得到进一步提升，无形中锻炼和培养了幼儿的创造力、想象力。

（二）美工区子区域划分

1. 玩色区

孩子对各种颜料的喜爱与生俱来，对色彩的感知有自己的喜好和想法，从无意识的涂鸦到用心的描绘都是孩子对色彩钟爱的表现。水粉、水彩、丙烯、国画颜料是孩子喜欢且易操作的，同时这些颜料都需要用水进行调和，所以小水桶、调色盘、围裙袖套、毛巾都是必不可少的。不同类型的颜料再配以合适的纸和笔，在涂鸦、拓印、印染、油水分离等方法下感受不同颜料、大小不同的笔刷、不同质地的纸张带来的色彩效果。

表 4-1-1　玩色区不同颜料的种类、特点、材料、绘画方法一览表

颜料种类		特点	画笔和纸张	绘画方法
水彩	水粉颜料（不透明水彩）	着色较厚，色彩饱和鲜艳	水粉笔（1#—12#）；幼儿使用羊毛笔头较合适；水粉纸、常用画纸	自由涂鸦、对印、拓印、油水分离
	水彩颜料（透明水彩）	透明度高，色彩重叠时，下面的颜色会透过来	水彩画笔（平头、圆头）；水彩纸	水彩画的要领在于调整含水量，平涂或者颜料的流动都会形成美丽的纹理
丙烯颜料		着色速干，颜色饱满浓重，持久性较长	水粉笔（纤维）；丙烯颜料不易于调色，不建议在纸上绘画	根据丙烯易干不掉色特点可涂画在不同质地的材料上，如墙面、瓶子、衣服、鞋子等
国画颜料		国画颜料又称中国画颜料，分为矿物颜料和植物颜料	毛笔、墨汁、毛毡、镇纸；生宣：吸水性强，易产生丰富的墨韵变化；熟宣：纸质较硬，墨色不易散开	根据宣纸的特性进行写意、工笔等方式的绘画，感受墨色浓淡的变化

水粉颜料：

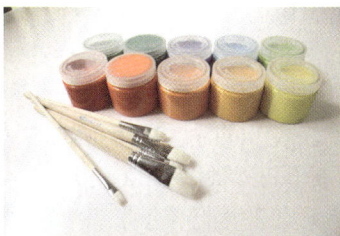

图 4-1-10　水粉颜料　　图 4-1-11　幼儿水粉　　图 4-1-12　幼儿水粉创作
　　　　　　　　　　　　　　　　　　作品

水彩颜料：

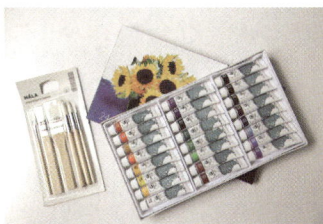

图 4-1-13　水彩颜料　　图 4-1-14　幼儿水彩作品　　图 4-1-15　幼儿水彩创作

丙烯颜料：

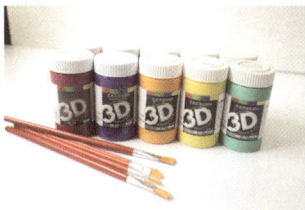

图 4-1-16　丙烯颜料　　图 4-1-17　幼儿丙烯作品　　图 4-1-18　幼儿丙烯创作

国画颜料：

图 4-1-19　国画材料　　图 4-1-20　幼儿国画作品　　图 4-1-21　幼儿国画创作

2. 绘画区

绘画是幼儿对外部世界充满好奇的观察后，通过想像力并经过自由发挥，采用涂鸦或其他方式绘制出来的作品。绘画是幼儿认知过程的体现，随着语言能力和思想认识的提高，幼儿对周围的事物充满了好奇，这个时候就需要通过画画来表达自己的感受，绘画实质上是一种兴趣的自然展示、自我表现，同时也是幼儿游戏中不可缺少的组成部分。而我们要做的就是创造环境，提供工具材料，让幼儿在绘画时无拘无束，没有条条框框的阻碍，充分体现孩子天真、大胆、夸张、率真的特点。

表 4-1-2　绘画区不同笔的种类、特点、绘画方法一览表

绘画用笔		特点	绘画方法
油画棒		一般 12 色、16 色、25 色、50 色一盒装。油画棒手感细腻、滑爽、铺展性好，叠色、混色效果很好	点彩法、混色法、层涂法、分层法、刮除法、厚涂法、油水分离法
蜡笔		蜡笔是将颜料掺在蜡里制成的笔，有数十种颜色。没有渗透性，是靠附着力定在画面上，不宜在光滑的纸上作画	涂色、写生
水彩笔		一般是12色、24色、36色一盒装，优点是水分足，色彩丰富鲜艳；缺点是水分不均匀，过渡不自然	勾勒外形、涂色
彩色铅笔	不溶性彩色铅笔	一般12色、24色、36色系列装，画出的效果较淡，简单清晰	直接绘画、涂色
	水溶性彩色铅笔	又叫水彩色铅笔，笔芯能溶解于水，色彩晕染开来有透明的效果，颜色鲜艳亮丽，色彩柔和	直接绘画，将画纸涂一层水，然后在上面用彩铅作画
油性笔	圆珠笔	又称原子笔，不渗透，书写润滑	主要运用于线条作画
	箱头笔	又称记号笔、奇异笔，由漆油颜料和水做成。有单双头两种，双头又分大双头和小双头，不可擦拭	除了能在纸面上绘画，还可以用于玻璃、塑料表面

油画棒：

图 4-1-22　油画棒

图 4-1-23　幼儿油画棒作品

图 4-1-24　幼儿油画棒创作

蜡笔：

图 4-1-25　蜡笔

图 4-1-26　幼儿蜡笔作品

图 4-1-27　幼儿蜡笔创作

水彩笔：

图 4-1-28　水彩笔

图 4-1-29　幼儿水彩笔作品

图 4-1-30　幼儿水彩笔创作

彩色铅笔：

图 4-1-31　彩色铅笔

图 4-1-32　幼儿彩铅作品

图 4-1-33　幼儿彩铅创作

油性笔：

图 4-1-34　圆珠笔　　　图 4-1-35　幼儿圆珠笔作品　　　图 4-1-36　幼儿圆珠笔创作

图 4-1-37　箱头笔　　　图 4-1-38　幼儿箱头笔作品　　　图 4-1-39　幼儿箱头笔创作

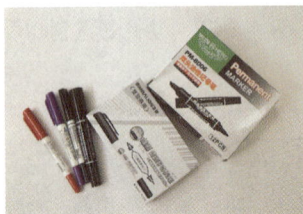

图 4-1-40　记号笔　　　图 4-1-41　幼儿记号笔作品　　　图 4-1-42　幼儿记号笔创作

图 4-1-43　奇异笔　　　图 4-1-44　幼儿奇异笔作品　　　图 4-1-45　幼儿奇异笔创作

3. 手工区

手工区是培养孩子自由取放材料、自由选择材料、自主创作的区域。幼儿对多种材料进行操作，运用剪、贴、拼、搓、揉等技法，锻炼手、眼、脑的同步协作能力，有些活动需要小伙伴之间的通力合作才能完成，这一过程激发了幼儿的创造力、丰富了幼儿的思维想象力、锻炼了幼儿动手操作的技巧与能力，培养了一定的空间感和立体感，促进了幼儿彼此之间的互相合作。

表 4-1-3　手工区的常见手工形式、特点、工具、材料一览表

常见手工形式	特点	工具、材料
剪纸	**剪纸**是一种用剪刀或刻刀在纸上剪刻花纹，用于装点生活或配合其他民俗活动的民间艺术。常见的剪纸有窗花、墙花、灯花等	普通剪刀、花边剪刀、印染纸张、手工纸、宣纸、布料
泥塑	**泥塑**俗称"彩塑"，是我国民间传统的一种常见艺术，即用粘土塑制成各种形象的一种民间手工艺。传统材料是粘土，但现在发展出许多新型的替代材料，并且具有无毒、环保、易造型等特点	**橡皮泥：** 又称彩泥，是最普遍的塑形玩具，配以雕塑刀、竹签、泥工板就可以进行制作了； **软陶泥：** 也叫彩陶、软陶土，是可塑性非常强的人工合成陶土，制作完成后放进烤箱轻微烘烤，就会生成质地坚硬、色彩艳丽的手工艺品； **超轻粘土：** 纸粘土的一种，超轻、超柔，颜色多种，混色容易，不需烘烤，自然风干，加水保湿可以恢复原状； **珍珠泥：** 又称雪花泥，水性泥里添加无毒塑料小泡沫而成，颜色种类多，可以调色，自然风干，适合和超轻粘土搭配使用
拼贴	**拼贴**是将纸张、布片或其他材料贴在一起创作出的作品。拼贴是一种随性的表现，拼贴完成的作品可用于装饰	拼贴的材料没有限制，重点是如何将材料粘贴固定在一起，幼儿常用且容易操作的工具有胶水、固体胶棒、透明胶、双面胶、白乳胶、订书机
折纸	**折纸**又称工艺折纸，是将纸张折成各种不同形状的艺术活动	事实上任何纸张都可以用来折纸，但是普通复印纸和手工纸更适合3—6岁的孩子。另外"折"是需要一定的技巧和方法的，可以给孩子折纸书籍，让孩子参照流程图完成折纸作品
编织	**编织**是人类最古老的手工艺之一，即将植物的枝条、茎、叶等加工后，用手工进行编织的一项工艺，常见编织品有凉席、花篮等。在幼儿园我们可以学习简单的编织、包缠、钉串、打结等技法	各类麻线、棉绳、纸条、珠子。 将棉绳分为2—3股进行编辫； 将纸条进行穿插交替的编织； 用绳子将有洞的木珠等串连起来

常用工具：

图 4-1-46　剪刀、花边　图 4-1-47　白乳胶、　图 4-1-48　透明胶、　图 4-1-49　打洞机、
　　　　　剪刀　　　　　　　　　胶棒　　　　　　　　双面胶　　　　　　　　订书机

幼儿手工作品：

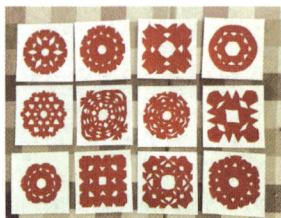  

图 4-1-50　幼儿剪纸作品　图 4-1-51　幼儿陶塑作品 1　图 4-1-52　幼儿陶塑作品 2

 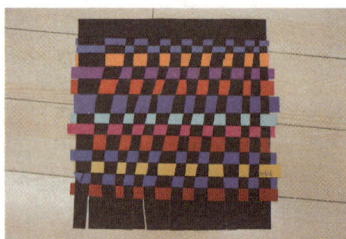 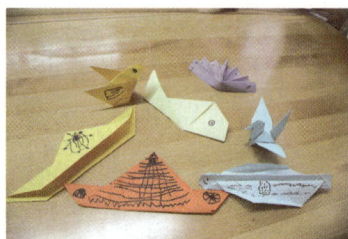

图 4-1-53　幼儿拼贴　图 4-1-54　幼儿编织作品　图 4-1-55　幼儿折纸作品
　　　　　作品

幼儿创作：

图 4-1-56　幼儿陶塑创作　图 4-1-57　幼儿拼贴创作　图 4-1-58　幼儿折纸创作

4. 欣赏与展示

欣赏是幼儿美术活动中不可或缺的部分。幼儿在老师的引导下学会欣赏与感受，可以丰富幼儿的美感经验，培养其审美情感和审美评价能力。教师要带领幼儿欣赏身边的自然景物和周围环境，从中去理解造型、色彩、构图所表现的对称、均衡等形式美。在美工区多投放绘画作品（人物画、动物画、风景画）和工艺美术作品，让幼儿慢慢接触不同的艺术形式，认识绘画名人，并尝试用语言、动作、表情等表达自己的审美感受。

幼儿的作品展示需要区域的合理规划。幼儿的作品按形态有平面和立体之分，美工区的场地有限，我们需要充分利用空间格局有序而艺术地展示孩子们的作品。平面作品要充分利用墙面、柜面、桌面进行粘贴展示，立体作品则利用PVC管、树枝、木条等自制的展示架进行悬挂展示。另外，区域之间的隔断也是很好的展示空间，不但可以巧妙划分空间，同时也起到艺术装饰的作用。孩子们随处可见自己的艺术创作，自然而然地提升了对美工活动的兴趣，同时也从内心肯定自己，增强了自信心和自豪感。

三、美工材料的收集与分类

区域活动是幼儿通过操作材料来感知和获取知识的自主性活动，是一种以幼儿为主体，以教师的支持为辅的活动。要使幼儿在区域活动中自主操作，区域活动材料就是必不可少的物质媒介，是幼儿学习内容的载体。

在材料的收集过程中，经常会碰到不知上哪儿收集材料，或收集来的东西过于废旧等问题，所以需要让幼儿、家长、老师积极有效地收集各种材料，并进行快速分类。一日生活中，老师要充分给予孩子观察的时间，让孩子主动发现，积极收集，如：吃早餐时剥下的鸡蛋壳、喝完牛奶后的盒子和瓶盖、散步时树上落下的树叶等等，都是美工区最好的手工材料。同时，也要引导家长积极参与材料的收集，善于发现生活中容易被忽略的"宝贝"，如：去海边游玩时沙滩上的贝壳、吃零食剩下的果壳糖纸、喝饮料剩下的瓶子、飞机餐上的一次性水杯和勺子、家中过期的报纸杂志、准备扔掉的牙膏盒、纸巾筒等等，都会在孩子的巧手下变废为宝。当然在收集的过程中要提出具体的分类规则，如：颗粒状的材料按种类、大小、颜色装在透明密封袋中，条状的材料按类别捆扎好，布料按大小裁切好等。孩子在此过程中学会了收集和分类，在活动中操作着自己收集的材料时，探索、创造的积极性更高了；完成各自的杰作时，也更是自豪感十足。

表4-1-4　常见易收集材料一览表

点状	纽扣、五谷、砂石、彩珠、绒球、瓶盖、贝壳、螺丝、螺帽、铜片
线状	麻绳、棉绳、吸管、冰棒棍、树枝、棉签、铁丝、铜线、PVC管
面状	报纸、杂志、宣传单、KT板、布、树叶、PVC膜、碟片
环保材料	牙膏盒、鞋盒、化妆品盒、化妆品、纸巾筒、一次性纸杯、纸盘、筷子、勺子

图4-1-59　密封袋

图4-1-60　材料分类装好

图4-1-61　各种各样的材料

第二节　美丽大变身——活动组织与实施

一、自主学习与材料投放

幼儿自主学习的意愿与材料投放的难易密切相关。实践中不难发现，美工区材料的难易程度直接影响幼儿活动的自主性和创造性。所以我们将材料进行分层投放，由浅入深，由易到难，逐步递进，使不同层次的幼儿都能找到适合自己并且喜欢的材料进行操作。

案例实录：可爱的草宝宝

镜头：像往常一样来到了孩子们最喜欢的"乐活园"，孩子们迫不及待地看着红花绿草、小鱼蚯蚓。有一群孩子蹲在草丛里聊着什么，看着孩子聊得起劲我好奇地凑过去听，原来他们正在讨论小草的长短问题，我把他们的对话记录了下来：

简：你看这里的草长得好长啊！

心：我这边的草也好长啊！

简：像我妈妈的头发一样又直又长。

朝：我妈妈的头发也是又直又长的。

心：快看，那边水里的草长得更长……

孩子们又奔向了新的发现地……

简：这里的草长得更长，你看都弯下腰了，比我还高呢，嘿嘿嘿！

心：也比我高！

朝：小鱼也来了，好好玩啊！

简：那边的草也没有这边的高！

图 4-2-1　观察草宝宝　　图 4-2-2　发现草的长短　　图 4-2-3　发现不一样的草

分析：从对话中不难看出，小班的幼儿对生活中的事物已经能用目测的方法进行长短比较了，而且对直和弯的概念也有了一定的认识。孩子对草的认识其实就是对线条的直观认识，因此我们可以根据幼儿的已有认知经验，结合美工区中常用的工具材料，将幼儿生活中的经验以另一种方式再次呈现。例如线条的表现形式。

组织实施策略：

1. 美工区的纸张准备应该丰富一些，幼儿可以自由选择大小、质地不同的纸张进行撕或剪的尝试，通过实践发现纸张的特点，进而发现在手工活动中应该选择适合的纸张。

2. 提供画线的纸张，指导幼儿尝试沿着线条进行剪纸。

3. 根据幼儿的年龄特点：年龄小、笔杆粗短，年龄大、笔杆细长，提供多种画笔，让幼儿通过绘画的形式表现直线、弯线，再到熟练画各种线条。

图 4-2-4　幼儿尝试剪纸　　　图 4-2-5　幼儿自由创作

案例实录：色彩缤纷的世界

镜头：幼儿对色彩的感受能力是很强的，色彩对幼儿有着一种不可抗拒的诱惑。有意识地培养其色彩感知能力，可以让幼儿获得美的享受和愉快的体验。在各种感知觉中，视觉占主导地位。对色彩有敏锐感觉的孩子往往对色彩辨认的知觉度也较强，这类幼儿往往有着开朗热情的性格，也有着较强的观察、表达和自控能力，所以有意识地培养幼儿的色彩感知觉对其性格的形成、智力的发展也有着重要的意义。

观察是美术活动的基础，只有通过观察才能在脑海中形成表象，从而为表现积累素材。幼儿身边的环境就是最佳的观察场所，当幼儿想画画时，不急于教他们画什么，而是利用自然环境中那五颜六色的花朵、颜色鲜艳的积木、各种各样的装饰去丰富幼儿对色彩的认识，从最基本的三原色开始，引导幼儿发现周围环境中的色彩，让其接受身边环境的色彩刺激，这些就是美术表现丰富的源泉。

图 4-2-6　鲜艳的花朵　　图 4-2-7　五颜六色的积木　　图 4-2-8　七彩的烟花

分析：色彩既然无处不在，那么玩色就必然成为孩子美术活动中不可或缺的一种形式。幼儿在玩的过程中是一种手、眼、脑并用的操作活动，单一的材料是满足不了孩子无止境的好奇心和操作欲望的，为了让孩子快乐、积极地投入活动中，要为幼儿准备丰富有趣的玩色材料，吸引幼儿主动操作材料，让幼儿与各种颜料互动，发现不同材料的表现方法，让幼儿觉得绘画就是玩游戏，让其真正地乐在其中。

组织实施策略：

1. 印画：利用幼儿的手、脚、树叶、积木、瓶盖、蔬果等，涂上水粉颜料在各种纸张上进行拓印。

2. 对印画：将纸张进行对折打开，在一面涂上自己喜欢的颜料，然后再一次地对折，通过印压形成对称的图案。

3. 吹画：将颜料的水分增加，在光滑的纸面上滴上颜料，用嘴巴或吸管吹气、转动纸张形成各种发射状的图案。

4. 染画：用生宣纸、卫生纸，粘上水彩颜料，让色彩自然晕染渗开，让幼儿直观感受色彩的流动变化。

5. 滚珠画：在盘子里放上白纸，把玻璃珠沾满各种颜料，把玻璃珠放在里面慢慢摆动盘子，让玻璃珠自由流动。

6. 手指点画：用手指蘸上不同颜色的颜料，在纸上进行点画。

7. 喷洒画：把颜料调制成水状，倒在喷壶中通过压力将颜料喷射在画纸上。

8. 线画：把线绳放在颜料中浸透后取出，放在纸上进行印压或拖动形成图案。

9. 油水分离画：先用油画棒或蜡笔画出喜欢的图案，再使用水彩颜料涂抹，常用于刷底色。

图 4-2-9　幼儿印画作品

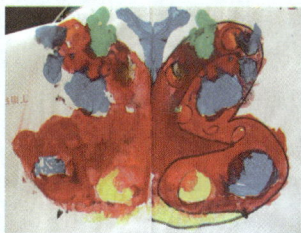

图 4-2-10　幼儿对印画作品

图 4-2-11　幼儿吹画作品

图 4-2-12　幼儿染画作品

图 4-2-13　幼儿滚珠画作品

图 4-2-14　幼儿手指点画作品

图 4-2-15　幼儿喷晒画作品

图 4-2-16　幼儿线画作品

图 4-2-17　幼儿油水分离画作品

二、适时介入与随机指导

幼儿在自主学习的同时，教师最大的困惑是如何适时介入活动，做到不干预太多，但是又不错失任何一个绝佳的教育时机。过早的介入很有可能打击幼儿的积极性或者导致原本创造性的想象活动被标准答案给固定住，而美工恰恰是最千变万化、没有唯一答案的创造活动。当幼儿在活动中遇到困难时，不是急于介入，而是给予一定的等待时间，让幼儿通过充分的操作、探索，尽可能地自我解决问题。当幼儿的兴趣即将消失，适时的介入拓宽了幼儿自由创造的兴趣和多种创造的可能，教师的干预就是积极而有效的。

在美工活动中，教师也要积极参与幼儿的创造过程，成为真正的参与者。当幼儿发现教师成为共同参与者时，会积极主动与教师讨论，这时教师给幼儿肯定与支持，或者以适当的方式将问题交还给幼儿，在不露痕迹的聊天中引导幼儿进一步尝试多种形式的探索，并给予一些合适的指导，让幼儿释放天性，大胆想象，从而会取得更加丰富而意外的创作成果，避免出现皮亚杰常说的"当我们教授幼儿某个东西时，我们正妨碍了幼儿的创造力的发挥"。

案例实录：杰克与魔豆

镜头： 今天给孩子们讲了《杰克与魔豆》的故事，我希望孩子们能将那棵魔豆树画出来。来到美工区，只见梓淇拿起白纸和油性笔，开始在画纸的一个位置不停地画着许多长短不一的线条，我一边欣赏一边问："梓淇，这是你想象中的魔豆树吗？"

淇：是啊。

师：只有树干吗？杰克不是顺着树藤慢慢往上爬的吗？

淇：对哦，那树藤怎么画？

师：你可以尝试画一些弯弯曲曲的线条，而且树藤有很多哦，有长有短，而且树藤上还会有什么呢？

淇：树叶！

梓淇又开始埋头创作起来，我也坐在她旁边一起画了起来。我们都画着自己心目中的魔豆树，时不时地还讨论一下，魔豆树的叶子可以是什么颜色，树上会不会有魔豆花，花朵凋谢之后就会长出魔豆吧，那魔豆会是什么颜色呢？一段时间过后，原本纸上简单的树干变得丰富起来，粗粗的树干、细细弯弯的树藤、心形的树叶、五颜六色的花朵、圆圆的魔豆……

分析： 当老师给幼儿一个固定题目时，幼儿的思维往往局限在某一个常规点，这也是局限幼儿创作的重要原因。老师在这个时候就需要适当地帮助幼儿打破思维的局限性，解放固有思维，通过聊天启发幼儿的思维，也可以与幼儿一起创作，用榜样的作用不动声色地进行交叉式介入指导、平行性的指导，以此来影响幼儿，让幼儿发挥天马行空的想象，热情投入画作的创作中。

| 图 4-2-18　《杰克与魔豆》绘本 | 图 4-2-19　幼儿创作 | 图 4-2-20　幼儿作品 |

案例实录：废旧材料大变身

镜头： 随着年龄的增长，幼儿已经不再满足于涂鸦玩色，强烈的好奇心和操作乐趣驱动着幼儿尝试用美术工具和材料进行各种各样的组合创作。《纲要》也指出"要利用身边的物品或废旧材料制作玩具、手工艺品等来美化自己的生活或开展其他活动"。用生活中的材料进行手工制作不但富于趣味性，幼儿通过自己思考进行再一次的组合，还能逐渐学会搭建、挖空、拼贴等手工技能。这些都是提升幼儿精细动作、小肌肉灵活度的绝佳途径。

但是生活中可利用的材料不计其数，老师可以借此机会带领幼儿认识并辨别材料的质地和特点，并进行分类；在制作的过程中，幼儿会使用到不同的美术工具，这正是体验工具正确使用方法的契机。为了避免幼儿在操作过程中受伤，或者浪费太多时间在如何固定绳子与木头这种问题上，老师有必要事先进行使用方法和操作上的指导。

图 4-2-21　酒瓶创作　　　图 4-2-22　药瓶创作　　　图 4-2-23　纸巾筒作品

三、小组活动与合作学习

小组活动是根据幼儿的发展水平、学习内容将幼儿分成小组进行学习游戏的一种活动形式。在活动的过程中教师与幼儿、幼儿与幼儿之间的探索、讨论、交流更多，使幼儿更加投入活动，也为教师充分了解幼儿提供了条件，有利于教师根据幼儿的不同水平提供相应的指导。在美工区我们可以根据教学目标、活动主题有针对性地开展小组活动。活动的设计很重要，它是教师成功组织小组活动的前提，直接影响幼儿学习经验的获得。在活动时注意循序渐进的原则，体现活动的重复性和连续性。美工活动里工具的使用、绘画方法的掌握都需要重复练习才能逐步提高；作品也需要不断的补充和完善，才会出现最佳的效果。

《纲要》明确指出，要在领域中培养幼儿合作的态度和意识，让幼儿乐意与人交往，学习互助，合作和分享。美工活动时看似都是各自独立完成作品，其实不然，在活动中幼儿会很自然地开始交流，彼此互动。教师可以引导幼儿互帮互助，你剪我贴、你画我涂，还可以设计合作任务，如：几人合作完成一幅作品或者将各自完成的作品进行组合，让幼儿直观感受合作的快乐。

（一）故事创编——绘本创作

幼儿想象力的发展需要通过直接或间接的体验获得，体验越丰富，想象力越丰富。故事绘本主要就是用一系列的连贯图画组成一个故事，以图为主，图文结合，幼儿在阅读的同时培养了很好的图像概念和思考的连贯性。大班幼儿的图像表现能力和思维比较成熟，可以进行一系列的绘本创作。

（1）了解绘本的基本结构：封面、书脊、蝴蝶页、书名页、内文、封底。

让幼儿仔细观察绘本有哪些特点，在原有的知识上帮助幼儿完整了解绘本的基本结构。

（2）选择自己喜欢的一本绘画进行临摹。

为幼儿准备材料和工具，帮助幼儿整理制作的顺序。

（3）教师提出几个可选择的主题，让幼儿进行故事创编，内容贴近幼儿生活，注意故事的连贯性。

（4）组织幼儿进行集体创造，有了之前的一些经验，幼儿在讨论时就会有一定的经验分享，经过提议、商量、妥协，最后定下绘本名称、内容、绘画的顺序，大家一起绘画制作，相互观察，合作完成一本完整的故事绘本。

图 4-2-24　《小蝌蚪找妈妈》绘本　　图 4-2-25　幼儿作品　　图 4-2-26　幼儿集体创作

（二）名画欣赏——合作绘画

美术欣赏教育是丰富幼儿的美感经验、培养幼儿的审美情感和审美能力最直接的途径。生活中的美随处可见，教师要引导幼儿去发现。除此之外，欣赏世界名画，介绍大师生平，让幼儿徜徉于艺术殿堂接受美的熏陶，也是美术欣赏教育常用的方法。

1. 通过名画认识大师，通过大师认识生活

每幅成功的画作背后都有着一个耐人回味的故事。教师通过生动的语言、浅显的描述、图文并茂的展示向幼儿介绍大师的一生，从而去理解画作中的造型、色彩、构图等，直接感知美术大师们的线条、造型、色彩运用和作画方式。同时这些特殊的语言将潜移默化地丰富着幼儿的艺术感觉。

2. 学会观察归纳临摹大师作品

欣赏不仅仅是让幼儿去欣赏画面，还要让幼儿通过观察去想象和体会名画的魅力，多看、多感受，鼓励幼儿对已有形象进行重组和建构。教师可以采用不同的形式让幼儿去感受，比如单张临摹，让幼儿通过理解去描绘名画；或者合作临摹，组织6—9名幼儿分别临摹画作中的某一部分，然后进行组合，在观察中去总结名画中的用笔方法、基本色调、奇妙构图。

3. 通过欣赏临摹进行二次创作

临摹是幼儿绘画中最基础也是最初级的绘画方式，真正能体现幼儿内心世界的绘画是通过临摹、收集素材、学习技巧从而进行的创作绘画。

图 4-2-27 梵高的名作《星空》

图 4-2-28 幼儿作品

第三节 多彩的童年——幼儿的发展与收获

绘画是幼儿的第二种语言。涂涂画画、看看玩玩是每个孩子的天性，幼儿画画本身就是玩、游戏，是幼儿最直接、最自然的情绪表达。同时绘画也是一种高级、复杂的情感动机的展现，培养幼儿的绘画素养，对幼儿而言有着非常重要的意义。

一、观察能力的提高

幼儿是通过观察去接触和了解世界的。绘画是提升幼儿观察能力的有效途径，在绘画活动中培养幼儿的观察能力十分重要。大自然的一草一木、天空的变化、无边的大海、森林、田野、身边的事物变化等，都是幼儿观察的对象。在绘画中，教师要引导幼儿用眼睛去观察事物，用绘画的形式把事物表现出来。

（1）选择幼儿感兴趣的绘画对象，在绘画活动中激发幼儿的观察兴趣。教师在组织绘画活动时，如果选择了幼儿感兴趣的题材，活动就成功了一半。

（2）在绘画活动中帮助幼儿确定观察的目的与任务。要提高幼儿的观察能力，在观察前一定要帮助幼儿确定观察的目的与任务。比如绘画活动"宽宽的马路上"，让幼儿带着目的观看马路两旁有什么、中间有什么，幼儿的观察能力就会明显提高，绘画能力和语言表达能力也能相应得到发展。

（3）在绘画活动中教会幼儿观察的方法。观察方法直接影响观察效果，幼儿掌握有效的观察方法，观察能力就会提高很快。在绘画中指导幼儿观察的方法主要有：比较观察法、顺序观察法、典型特征观察法等。

二、创造能力的发挥

人的一生中，幼儿期创造力的培养是非常重要的。而绘画活动不仅是培养审美能力的重要途径，同时赋予了幼儿发展创造力的机会。

在绘画教学中，在引导幼儿创作时，教师要采取开放式的教育模式，包括开放式的提问、表现手法、评价方式等，采取尝试性教育，使幼儿最大限度地展现自我。幼儿以极大热情投入创作中，自由发挥、随心所欲，对自己的作品会有强烈的自豪感。在得到教师和同伴的赞许后，内心的愉悦感会转化为创作激情，幼儿对绘画的兴趣会越来越浓，绘画的想象力和创造力也会不断提高。

三、求知欲望的增加

绘画也是智慧的艺术。想要创作一幅好的作品，即使有丰富的素材，没有知识的储备，也会无从下笔。比如我们要画一幅"汽车"主题的作品，就需要对汽车进行观察与了解，不断探究有关汽车的一切，这些知识的积累是创作的基础。丰富的知识带来丰富的画面，知识的积累真正应用于绘画中，就能引发幼儿求知的欲望。

★活动展示：妈妈的礼物

活动目标

1. 通过抓、拿、捏、穿的练习，为妈妈串珠制作项链。
2. 表达对妈妈的感恩之情，表达自己对妈妈的爱。

活动准备

彩绳（每人一条），各种颜色、大小不同的珠子一盒、事先串好几串珠子。

活动过程

一、表演导入

1. 幼儿歌曲表演《我的好妈妈》、诗朗诵《妈妈，我已经长大了》。
2. 展示已串好的项链，引出为妈妈做三八节礼物。

二、介绍材料、自由创作

1. 出示材料：彩绳（每人一条），各种颜色、大小不同的珠子一盒。
2. 现场示范串珠，请幼儿仔细观察。
3. 幼儿自由创意串项链，家长引导幼儿自己动手操作。
4. 教师注意观察幼儿的需求，随机指导。

三、整理材料、学会收拾

1. 幼儿将剩余的珠子放回盒子，盒子送到美工区。
2. 为妈妈献上亲手制作的串珠，边听音乐《不再麻烦好妈妈》边把项链给妈妈戴上，对妈妈说："妈妈，我爱你！"

活动反思

在适合的节日为妈妈献上自己亲手制作的项链，表达对妈妈的一份爱，对于幼儿来说既锻炼了动手能力、手眼协调能力，又增进了亲子感情。

图 4-3-1　创作现场　　　　图 4-3-2　分组创作　　　　图 4-3-3　亲子创作

★ 活动展示：牙刷喷喷画

活动目标

1. 尝试用电动牙刷进行创意喷喷画。

2. 愿意参与喷画游戏，感受美术创作的乐趣。

活动准备

牙刷、颜料、画纸（同幼儿数量）。

活动过程

一、出示牙刷，引发兴趣

指导语：你们知道牙刷都有什么作用？原来牙刷不仅可以用来刷牙，还可以用来作画。

二、观察喷画，尝试操作

1. 教师示范喷画操作。

2. 幼儿初步操作。

3. 加入雪花片，请幼儿用雪花片在纸上摆出喜欢的图形，然后在空白的地方进行喷画。

三、互相分享、交流作品

幼儿之间相互交流，分享彼此创作的意图和技巧，共同欣赏最终的完成品。

活动反思

来自于幼儿生活中的材料，幼儿操作起来会更加熟练，也更有创作兴趣。幼儿在活动中可以尝试不同种形式进行表征，自由发挥想象力和创造力。

图 4-3-4　幼儿创作　　图 4-3-5　加入雪花片创作　　图 4-3-6　幼儿作品

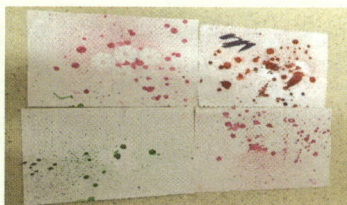

　　幼儿在绘画或做手工时，是教师观察、发现、支持幼儿的好时机，只有基于观察孩子基础上的指导，才是有针对性和实效性的指导，才能真正意义上促进幼儿能力的提升。

★学习故事：专注的服装设计师

记录对象：淇淇　　　　　记录者：孟阳　　　　　日期：20××年5月

　　今天吃完早餐后，你拉着我的手说："老师老师，我今天要去美工区玩。"我感到很意外，这是你第一次主动要求去美工区玩。区域活动开始后，你来到了美工区，告诉我你要设计一条漂亮的裙子。说完你拿起了材料便开始操作起来，你专注的样子让我不敢去打扰你，也许你自己都没有发现，你此刻的样子像极了设计大师！当你完成作品后，你很自豪地拿给我看。看到这么漂亮的裙子，心心走了过来，她也想做出这样的裙子，你便很耐心很仔细地告诉她应该怎么做。淇淇，你的变化和成长深深地打动着我，你是好样的！

在这个故事中淇淇有可能在学什么？

　　淇淇，你还记得吗，从前的你，当有美工必学内容时，宁愿坐在垫子上看书也不肯去美工区。可是现在，你把去美工区活动当成了一种期待而不是负担。我猜，你的身上一定拥有一种魔法，这个魔法让你发生了如此神奇地转变！你收放自如地控制着裙子上的每一个小细节，在思考的同时还不忘用你灵活的小手去撕下小圆点贴纸，不仅如此，你还考虑到了色彩的搭配，你选择了红色作为裙子的主色调，银色作为装饰裙子的配色，冷暖色搭配在一起，看起来很协调很舒服，让人很想把这件裙子穿在自己的身上！

机会和可能性

　　淇淇，从你设计裙子的专注神情中，我仿佛看到了未来的服装设计师的身影，你对色彩的搭配有着很独到的见解。而且，你对每一个细节的掌控也很到位，能很准确地把每一个点贴在你想要它在的位置上。对于小朋友的疑惑，你都毫无保留地把自己所知道的告诉别人，我很期待，下次能够看到你更美的作品以及你能把自己的经验分享给更多的小朋友！

教师的反思

淇淇刚开始不肯去美工区的时候，老师一直有点担心。不管用什么方法，她就是不愿意去美工区，那时候的美工区对于她来说，就是一个禁区。直到美工区的活动由水粉丙烯逐渐延伸到剪贴、粘土之后，淇淇开始对美工区产生兴趣了，她想去美工区玩些剪贴活动或是做些小手工。她这样的行为改变了我以为她对美工不感兴趣的想法。从淇淇这个事件中，我体会到了尊重孩子想法是多么的重要，给她足够的时间去等她慢慢长大，为了她的成长去铺垫好适宜的环境，在区域环境创设中充分考虑到每个孩子的不同需求，这个过程就像是毛毛虫化茧成蝶的转变，虽然过程很辛苦，但是结局很美丽！

图 4-3-7　将圆点有序排列　　图 4-3-8　按顺序逐排粘贴　　图 4-3-9　与小伙伴一起分享

★学习故事：美工区的小世界

记录对象：希希　　　　　记录者：孟阳　　　　　日期：20××年3月

今天，你兴高采烈地来到了美工区，你说你想用粉色的画笔画画，然后贴上漂亮的吸管。说完，你就开始认真地创作了。这时候，你仿佛进入了另一个世界一样，外界的一切风吹草动都影响不了你。你在美工区待了很久，终于完成了这一次的创作！看着你的作品，我简直无法想象，这是你亲手完成的！

在这个故事中希希有可能在学什么？

希希，你记得吗？以前的你在分区活动中经常会不自觉地换很多个区，尤其是在美工区，你总是很快地把你的作品完成，赶着去下一区玩。可是今天，所有老师都为你的专注感到惊讶，你从头到尾都在美工区专注地操作，直到作品完成！

机会和可能性

希希，从你专注的神情中我仿佛看到了未来的小画家，你很喜欢用各种不同的材料来装饰你的作品。因为你的专注力，不管是从颜色的搭配还是从造型的设计上来说，你都做得很好。希希，下次玩的时候，我们大家都相信你会带着你的专注把事情做得更棒！

教师的反思

希希以前的每次区域活动都会换三四个区，而这一次，希希超越了自己！由此可见，区域中投放能够与孩子产生充分互动的材料是一件多么重要的事情。只有材料能充分地调动起孩子的积极性了，他们才愿意去尝试，去探索。我们为这样专注的小希希而感动，而希希自己，也同样通过她的努力获得了成就感。

图 4-3-10　希希在创作图　　图 4-3-11　希希的作品

★学习故事：印花机的奇妙探索

对象：海霖　　　　　　记录者：孟阳　　　　　　日期：20××年6月

今天，在美工区里画完作品的海霖想要用印花机将自己的作品再装饰一下。可是选好印花机后海霖有些犯难了，印花机是如何使用的呢？海霖便开始问身边的小伙伴有谁会使用印花机，这时候晨玥告诉她："我知道印花机是怎么用的，不如我来教你吧。"于是，海霖认真地跟晨玥学起来了。很快，海霖就掌握了印花机的使用要领！

在这个故事中海霖有可能在学什么？

海霖，当你遇到不会操作的材料时，第一时间想到的是该如何使用这份材料，而不是去找老师来帮你解决困难。恭喜你，海霖，你用你善于思考的小脑袋找到了最佳的解决方案，顺利地完成了作品的最后一步装饰！

机会和可能性

海霖，通过这次的小经历，老师相信你一定学到了很多的东西！你学会了面对困难不退缩，独立地思考问题，并用自己的力量去寻找可以解决问题的途径。老师相信，你以后不管遇到什么难题，都会用自己的力量顺利解决的！加油！

教师的反思

当我看到海霖不知道该如何使用印花机的时候，我并没有上前去帮助她，告诉她印花机的使用方法，而是在一旁静静地看着，观察海霖接下来会有怎样的举措。海霖能够主动去找掌握使用方法的小朋友去教自己，这一举动让我很感动。在这一年的小班生活中，她越来越勇敢，越来越独立。我很庆幸自己的"隐身"，为孩子们提供了一次珍贵的互动学习的机会，相信他们在这样的氛围内一定会成长得更好！

图 4-3-12　求助同伴

图 4-3-13　自主尝试

★学习故事：印花机的奇妙探索记录

对象：木木　　　　　记录者：孟阳　　　　　日期：20××年6月

今天，木木来到美工区想要折一架纸飞机，可是，折了很久也没折出他想要的样子。他就问一旁的芽芽，想知道他的飞机是怎么折出来的。芽芽告诉他，首先得拿一张正方形的纸，这个时候木木意识到自己拿错了纸。当木木重新拿了一张正方形的纸之后，芽芽便在一旁对木木指导，不一会儿，木木的小飞机就折好啦！折好飞机的两个好朋友来到了美工区旁的空地上进行飞机的试飞，试飞成功后，他们便开始了一场关于飞行速度的较量……

在这个故事中木木有可能在学什么？

木木，来到美工区后你一直在尝试着去折一架飞机。在一次次的失败后你始终都没有气馁，老师为你持之以恒的精神竖大拇指！当你发现折不出飞机可能是因为你某个操作环节出现了问题时，你很快就去向同伴寻求帮助，并最终成功地折好了飞机，你创作出的飞机的飞行速度让老师都为之惊叹！

机会和可能性

木木，你很喜欢研究各式各样的纸飞机的折法。这一次，你又学习到了一种新的折法。在接下来的时间里，我相信你可以找到更多不同的纸飞机折法。到时候，我们来一场比赛吧，比比哪架飞机飞得最高，飞得最远！

教师的反思

当我看到木木的纸飞机一直折不好的时候，我以为他会放弃，但是他的坚持远远超出我的想象。他通过寻求同伴的帮助去实现自己的想法，当幼儿间有充分的互动时，总会碰撞出更多更亮的思想火花！

图 4-3-14　木木折飞机

图 4-3-15　飞行比赛

结语

美工区是专门为幼儿提供个性创作和自由欣赏的活动区域。刚开始进行区域活动创设的时候老师常常热衷于"克隆"与跟风，经常会以为将所有材料全部呈现就是"丰富"，幼儿随意在区域里涂抹、摆弄就是"自由创作、发挥想象"。其实不然，每个孩子都有着自己的"最近发展区"，只有了解了孩子的需求加上适宜的引导，才对每个幼儿的个性发展起到积极的推动作用。

根据幼儿的认知、情感、动作、语言、社会性等发展的需要，我们创设了玩色区、绘画区、手工区等不同形式的子区域项目，并且在各个子区域中提供了丰富、有层次的区域材料，这些都为幼儿提供了脑、眼、手联合工作的练习机会。幼儿通过实际操作丰富多样的材料，选用不同的工具与同伴友好地合作，施展自己的才能，按照自己的意愿和兴趣来表达自己的情感，享受创造活动带来的快乐，获得了精神上的极大满足。

第五章

小小探索家

大眼看区域

★娃娃说

娃娃A：在科学区就像坐上了太空飞船，能用最短的时间走遍地球五大洲、七大洋。

娃娃B：在科学区就像进了神奇魔法屋，可以让蜡烛变出雪花、可乐变成神奇的喷泉。

娃娃C：在科学区可以变成万能的制造师，用牛奶制作出五彩缤纷的彩虹。

★师说

幼儿在科学区的探究学习是一个自我建构的过程，在操作过程中发现身边景象、事物的变化，感知变化带来的不同感受，感受科学知识带来的不同体验。

第一节　神秘科学小屋
——环境创设及材料投放

一、幼儿科学区与区域现状

（一）幼儿园的科学区

幼儿园的科学区域是让幼儿充分调动探索欲望和动手兴趣的一个自主学习场所，该区域有着丰富的操作材料，在操作中注重过程而不是实验的结果，通过"发现→操作→观察→新发现"的循环过程让幼儿体验自主探索的乐趣，提升幼儿发现问题—探索问题—解决问题的能力。

（二）科学区域现状

在前期创设科学区域时发现其他的区域人头涌动，而科学区却门可罗雀，幼儿对该区域兴趣不大，经过多次观察以及和幼儿交谈总结出几点不足之处：

1. 科学区的材料摆放不显性

材料众多却没有吸引住孩子的目光，因为科学区操作材料、物件种类繁多，大小不同，教师在摆放材料时更多考虑的是收纳便利性，较少考虑到是否找到最有利的摆放位置去引起孩子探究的兴趣。

2. 区域板块划分不细致

一般在教室里划分为科学区的区域就是一个大板块，没有进行细化，这样容易造成干扰源的闯入，导致幼儿不能专注、持续地操作材料。

二、科学区域环境创设

给幼儿一个自由、宽松、多元化的探索环境，才能促进幼儿自主探索。区域环境的创设需要幼儿全程参与，在与环境的相互作用中，幼儿得以发展智力、培养能力、促进个性发展。

（一）科学区设置原则

《3—6岁儿童学习与发展指南》（以下简称《指南》）指出，要"创设丰富的教育环境，让幼儿直接感知、实际操作和亲身体验获取经验的需要。"[①]

科学区设置原则：

（1）放材料的桌子和架子要便于孩子取放和探索。

（2）饲养某些活的生物，如：小动物、植物等。

（3）儿童规格的桌子和椅子。

（4）如果可能尽量靠窗，便于采光。

（5）有孩子作品陈列的地方。

（6）有纸和笔，便于孩子记录他们的发现。

（7）与主题或科学问题相关的书和杂志。

可将科学区环境创设进行细分，见下表：

表 5-1-1　科学区域板块划分与注意事项

区域板块划分	场地要求	氛围营造	人数
观察区	光线明亮、便于书写记录	安静、专心	1—2人
操作区	宽敞、平面、便于取放材料	放松、认真	3—4人
实验区	半封闭空间、临近水源	认真、专注	1—2人
种植区	见阳光、有泥土、临近水源	自然、放松	2—3人
自助区	敞开、通透	开放、自主	1人

---

① 李季湄、冯晓霞.《3—6岁儿童学习与发展指南》解读.北京：人民教育出版社，2013.

图 5-1-1　科学区整体环境

图 5-1-2　科学区侧面环境

图 5-1-3　科学区空中装饰

图 5-1-4　科学区吊饰

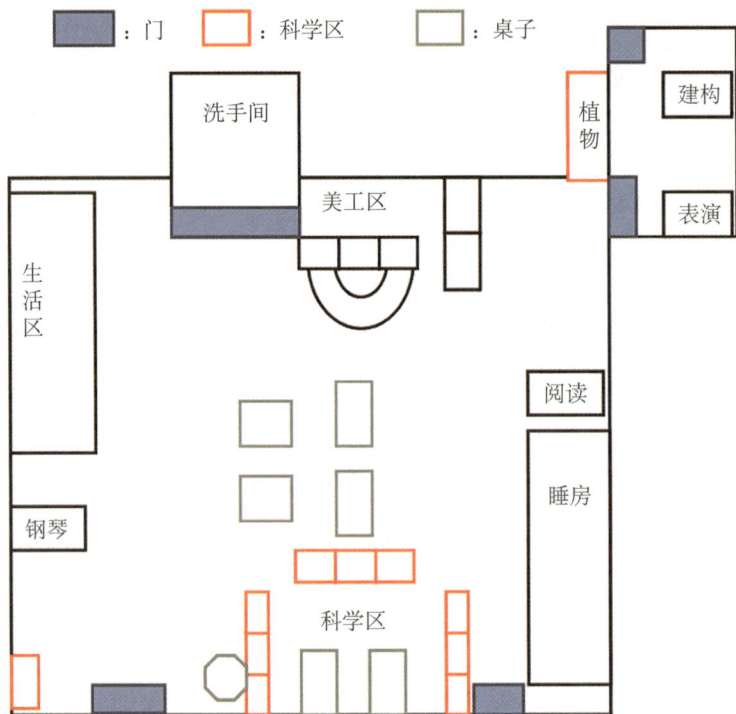

图 5-1-5　班级区域规划图

注：科学区空中装饰及吊饰需选择轻的装饰物，装饰注重安全情况下的美观。

（二）科学区域环境创设

美国大卫·杰纳·马丁在《建构儿童的科学—探索过程导向的科学教育》提出："教师要创设有利于学生探究的学习环境让学生进行科学探究活动。"环境创设要讲究方法和技巧，下面从空间划分、墙面、户外三个方面向大家进行阐述。

1. 空间划分

表 5-1-2　科学区空间划分参考表格

空间划分		特点	用途	投入材料
从开放程度上思考	开放空间	通透、开阔	适用于棋类和物件较多的操作材料	桌子、矮柜
	半开放空间	安静、免干扰	适用于实验类的操作	桌子、柜子、隔断、垂帘
从场所是否固定上思考	固定空间	固定、不变动	适用不搬动的重型材料，如：大型地球仪、人体模具	桌子、柜子
	可变空间	灵活、可根据材料调动	适用棋类或2人以上合作的材料	桌子、带轮储物架子
从动静需要上思考	动态空间	有变化、特色	适用于可变动的材料，如：滑轮	支架、加固架
	静态空间	固定，少变化	适用于观察类的材料，如：蚂蚁、蚕	桌子、柜子、架子

图 5-1-6　科学区动态材料

图 5-1-7　合作操作材料

图 5-1-8　分工合作

图 5-1-9　操作成功

2. 墙面环境

幼儿园墙面环境可以分为展示、装饰、操作三种形式，常用于装饰区域特色物件、展示幼儿作品、记录表等板块。在创设区域环境时，倡导提供幼儿互动的教育环境。教师可根据场地的特点、区域主题的需要进行设计。

表 5-1-3　科学区墙面环境操作表（参考）

内容 时间	对象	实施内容	做法
第一阶段	家长与幼儿	跟"声音"相关的玩具、游戏有哪些？（查询网络、访谈等方法获得相关内容）	通过发放调查表的形式，让亲子合作完成
第二阶段	教师与幼儿	团讨：教室的空白墙面可以做什么？（结合主题开展讨论）	记录幼儿所提供的内容，筛选可行内容，幼儿投票
第三阶段	幼儿和技术人员	安排人员或幼儿与家长采购材料、工具	1.技术人员／老师安装；2.幼儿进行清洁、装饰

图 5-1-10　墙面环境创设

图 5-1-11　调制颜料

图 5-1-12　分工涂刷

图 5-1-13　自制墙面效果图

图 5-1-14　尝试与墙面互动

图 5-1-15　幼儿开心互动

3. 户外环境

　　种植区是科学区域的子区域，适宜设立在露天的户外场所。露天的户外环境可保证植物享有充沛的阳光、空气、雨水等，有利于植物的生长。如果幼儿园没有适宜的户外场所，可以将植物区设置在阳台或走廊，这些地方虽没有露天的户外环境好，但相比室内环境可以获得较多阳光，空气流动性也较好。

图 5-1-16　户外植物角

图 5-1-17　不同种类的植物

图 5-1-18　硕果累累

图 5-1-19　阳台培育架

三、科学区材料投放

（一）材料投放

与语言、音乐等活动不同，科学区活动有其独特的性质，需要幼儿"发现问题—操作—观察—得出结论"等一系列的操作。表征形式不同，思考模式亦不同。在投放材料的时候要考虑贴近幼儿生活，能让其调动生活经验，产生共鸣。一般需考虑以下几方面：

1. 材料的生活性

科学来源于生活，对于年龄越小的幼儿，在区域里投放生活类材料的比重越要大，这样幼儿容易产生亲近感。

如：活动"会变的颜色"（见下面四张图），在选择素材时从材料的生活性和实操性考虑，选择了幼儿最常见的橡皮泥。橡皮泥是幼儿最常见的美工材料，而且橡皮泥容易操作和收纳。第一阶段投放到区域里时，先提供三种颜色，在幼儿操作熟练且认知到颜色的变化后再逐步增加颜色种类。

图 5-1-20　将橡皮泥切块

图 5-1-21　第一次实验

图 5-1-22　第二次实验

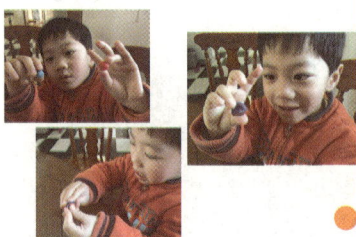

图 5-1-23　第三次实验

2. 材料的实操性

在投放科学材料时，优先考虑材料的操作性。幼儿年龄小，投入的材料操作容易、便利，可以有效提高幼儿操作成功率，使其获得成功感。另一方面要考虑到工具的安全性。年龄越小的幼儿自我保护意识越低，对于操控工具的把握能力较弱，在使用时要及时观察和记录安全隐患点，随时根据情况进行调整。

3. 材料的层次性

结合幼儿年龄特点，投放多元化材料。根据幼儿不同年龄段，在投放材料的时候要考虑到幼儿兴趣点，投放多元化的材料以激发幼儿探究兴趣，满足不同层次幼儿的需要。小年龄段可多投一些提高幼儿手、眼、脑协调能力的材料；大年龄段的材料投放要考虑到规则意识、合作意识的培养，并能锻炼到幼儿空间感、逻辑思维、耐力等。除了注重年龄差异，还要尊重个体差异，以此定制多层次目标。哪怕在同一个班级，同一个年龄段的孩子，都存在个体差异，在投放材料时要充分考虑班级幼儿情况，将材料进行分级，让不同的孩子进到区域都能找到适合自己水平的操作材料进行活动。

图 5-1-24 自主操作

图 5-1-25 挑战操作

图 5-1-26 丰富多样

图 5-1-27 趣味性强

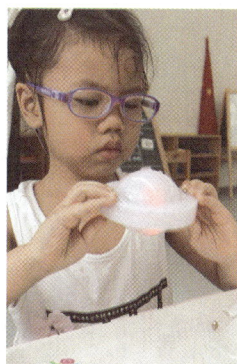

图 5-1-28 新奇探究

（二）材料分类

1. 按研究对象分类

生命科学： 生命科学即生物学，是通过分子遗传学为主的研究生命活动规律、生命的本质、生命的发育规律，以及各种生物之间和生物与环境之间相互关系的科学[①]。在科学区域里投放的相关材料主要有植物、蚕、蝌蚪、金鱼、乌龟、蚂蚁等。

地球与空间科学： 地球与空间科学主要以太阳系空间物理环境作为主要研究。在科学区域里的材料主要有地球仪、地图、日历板等。

物质科学： 物质科学主要包括物理学和化学，致力于研究物质的微观结构及其相互作用规律，是一切科学的基础，可以衍生一系列新的技术原理。[②]相关材料主要有多米诺骨牌、动物天平架、凹凸镜等。

高新技术： 这里主要指应用于生产生活中的高科技产品。相关材料主要有仿真飞机模型、磁悬浮列车、电风扇等。

表 5-1-4　科学区材料清单（按研究对象分类）

材料名称		目　　标	来源
生命科学			
1. 乌龟		观察乌龟的生活习性，了解喂养知识	购买
2. 金鱼		观察金鱼的生活习性，了解喂养知识	购买
3. 蝴蝶标本		认识不同的蝴蝶品种和特点	购买
4. 蜘蛛模具		锻炼观察能力，培养孩子的耐心和专注力	购买
5. 人体器官模型		了解人体的各个器官部位	购买
6. 我们的身体		了解身体的整体结构组成和发展	购买
7. 植物角	种　子	认识不同蔬菜、花卉的种子和特性	收集、购买
	肥　料	了解肥料的作用和用法	
	泥　土	了解泥土的作用和在种植时的用法	
	浇水壶	能用浇水壶给植物进行合理浇灌	
	花　架	根据植物生长规律放置到植物架子上	
	记录表	根据植物生长情况用绘图或文字进行记录	

①② 摘自百度百科。

材料名称	目　　标	来源
松土工具	能用工具进行辅助种植活动	
植物标签	用标签做记号识别植物	
地球与空间科学		
1. 地球仪	了解各大洲、洋、国家等地理方位	购买
2. 中国地图拼图	了解中国省份板块，区分地理区域	购买
3. 日历板	了解季节、天气、时间（月、日、星期）	购买
4. 时钟	认识时针、分针、秒针和时刻	购买
物质科学		
1. 多米诺骨牌	了解多米诺骨牌的玩法和力的传递现象	购买
2. 摩擦起电	探索不同物体摩擦后的现象，比较哪种材料容易起电	自制
3. 开锁	探索锁的锁孔与钥匙的配对	购买
4. 动物天平架	了解天平的杠杆原理，知道两端物体重量相等时可保持平衡	购买
5. 跷跷板	知道跷跷板上投放相同砝码时可维持平衡状态，如砝码不同会产生不同现象	购买
6. 瓶子瘪了	通过实验操作，了解到热胀冷缩的科学原理	自制
7. 磁铁本领大	了解磁铁能够吸引铁质物品，而铁屑细碎的形态，在磁铁的吸引下可以表现出独特的艺术造型	购买
8. 磁铁大力士	探索磁铁可以和什么材质的物品容易相吸	购买
9. 石头标本	使用放大镜观察石头的纹路和构造	购买
10. 凹凸镜	触觉感知凹凸镜的镜面弧度，观察凹凸镜镜面成像的不同	购买
11. 万花筒	了解万花筒的图案形成是光的反射原理，在三面镜子上连续多次反射形成	购买
12. 望远镜	知道望远镜可以看到远处物体，能让视线看得更远	购买
13. 潜望镜	知道潜望镜可以从不平整或有障碍的地方窥探到前方的景象	购买
14. 放大镜	知道放大镜能让视角变大，可以用来观察物体细节	购买
15. 镜中组合	观察物品在镜中的成像，利用镜子把太阳光反射到物体或墙面上，形成光斑	购买

材料名称	目　　标	来源
16. 水车转转转	利用水的流动力量使水车转动起来	自制
17. 纸杯电话	知道声音可以通过空气（棉线）的震动进行传播	自制
18. 滚动的珠子	知道在重力的作用下，珠子滚动时重心改变，速度会相应有变化	自制
19. 溶解	通过操作蜡烛滴蜡于水，知道油水分离现象	自制
20. 指南针	了解指南针的磁极作用，同名磁极相互排斥、异名磁极相互吸引	购买
21. 会变魔术的颜色	知道红、黄、蓝三种颜色混合可调配出新的颜色	购买
22. 棒环拼图	通过操作发展推理能力，提升空间感知觉	购买
23. 找相同	锻炼观察能力和逻辑思维	购买
24. 珠子动起来	观察不同珠子从高处滚落下来的速度	购买
25. 几何拼图	认识图形，锻炼逻辑思维和提高观察能力	购买
26. 配对游戏	提高观察能力和锻炼视觉辨别能力	购买
27. 拆装工具	提高手部精细动作灵活性，锻炼空间感知觉	购买
28. 糖水画	知道有机物经过燃烧后会变黑的科学原理	自制
29. 辉光球	探索人体内在奥秘，研究人体也是导电体	自制
30. 电子积木	探索拼装电子装置瓶，拼装电子元件组成	购买
31. 鸡蛋浮起来	了解物体在水中的沉浮现象，知道沉浮与重力大小有关	自制
高新技术		
1. 飞机模型	了解飞机形状、战斗机和航空客机	购买
2. 帆船	了解帆船的结构和特点	购买
3. 磁悬浮列车	了解磁的吸力和排斥力	购买
4. 风扇种类	了解不同类型风扇通风的原理	购买
5. 电话的结构	了解电话的结构和组成部分	购买
6. 手电筒	探索不同类型的手电筒组成和作用	购买
7. 灯泡亮了	探索灯泡的通电原理，电池正负极	购买

2. 按材料性质分类

认知观察类： 认知观察是指幼儿通过主动学习，对投放材料的材料特点或变化进行观察而获得知识。在科学区域里投放的相关材料主要有各式标本、蚂蚁、蚕等。

操作探究类： 操作研究是指幼儿通过主动操作材料，在操作过程中发现问题、解决问题而获得知识体验。相关材料主要有多米诺骨牌、天平、磁铁等。

科学实验类： 根据准备的材料，幼儿自行操作实验，探究实验内容，最后获得实验结果。实验多与沉浮、溶解、摩擦等相关，材料以自制为主。

种植观察类： 和幼儿寻找教室里或周边最适合种植的地方，创设种植环境，商讨种植品种。投放材料主要有种植工具、肥料、浇水瓶等，主要靠收集和购买取得。

表 5-1-5　科学区材料清单（按性质分类）

材料名称	目　　标	来源
认知观察类		
1. 稻草标本	观察稻草的形状，了解稻谷与稻草的关系	自制
2. 干辣椒标本	观察辣椒的特征	自制
3. 玉米标本	观察玉米的特征	自制
4. 人体器官模型	了解人体的各个器官	购买
5. 乌龟	观察乌龟的生活习性	购买
6. 金鱼	观察金鱼，培养照顾金鱼的能力	购买
7. 地球仪	了解各大洲、洋和国家	购买
8. 飞机模型	了解客机和直升飞机的形状和特点	购买
9. 船	了解船的结构	购买
10. 蝴蝶标本	认识不同的蝴蝶，提高幼儿的专注力	购买
11. 石头标本	认识各种各样的石头，提高幼儿的观察力	购买
操作探究类		
1. 双向昆虫放大镜	观察凹凸镜和平面镜下物体的不同	购买
2. 多米诺骨牌	了解力的传递作用	购买

材料名称	目　　标	来源
3. 锁	探索锁的锁孔与钥匙的配对	购买
4. 地球拼图	了解全国各省的地理名称	购买
5. 音叉	了解音叉的音色	购买
6. 打气筒、气球	了解空气的作用	购买
7. 天平	了解天平的作用和平衡的概念	购买
8. 跷跷板	理解平衡的概念	购买
9. 神奇的悬浮列车	感知磁铁有磁极，同极相斥，异极相吸	购买
10. 磁铁找朋友	知道磁铁有磁力现象，用磁铁来发现生活中的铁制品	购买
11. 磁铁粉	通过探索，磁铁粉变出各种各样的形状	购买
12. 凹凸透镜	观察凹凸镜对光产生的作用	购买
13. 万花筒	培养幼儿的思维能力和观察力	购买
14. 平面镜	了解镜子的秘密，观察镜中物体的特点	购买
15. 放大镜	认识放大镜，初步学习使用放大镜	购买
16. 潜望镜	知道潜望镜可以从不平整或有障碍的地方窥探到前方的景象	购买
17. 电话与充电器	了解电话的功能和电话外部组成元素	收集
18. 电风扇	知道风扇与电、空气的关系	收集
19. 电池家族	了解各种各样的电池及连接方式	收集
20. 电动车	了解电动车的原理及操作方法	收集
21. 沙锤	体验沙锤的声音特点	购买
22. 鼓	体验鼓的声音，并且根据已有经验进行敲打	自制
23. 铃鼓	了解铃鼓的音色	收集
24. 串玲	了解串玲的音色	收集
25. 快板	尝试快板的敲打方法	收集
26. 五弦琴	了解五声调式，训练听力	收集

材料名称	目标	来源
27. 手电筒	了解手电筒的照明功能	收集
28. 听诊器	认识到呼吸和心跳能用听诊器感应	收集
29. 望远镜	观察局部与整体的不同	收集
30. 秒表	培养幼儿在日常生活中的时间概念，了解秒表的用途	购买
31. 蜡烛	了解熄灭蜡烛的火与空气的关系	购买
32. 动量守恒	探究弹性碰撞时能量的转移规律	购买
33. 人体导电球	探究导体和绝缘体	购买
34. 指南针	初步了解指南针与地球的关系	购买
35. 辉光球	探究低气压气体在高频强电场中产生辉光的放电现象和原理	购买
科学实验类		
1. 沉浮实验	了解物体在水中是下沉还是上浮，与它承受的重力和浮力的大小有关	自制
2. 不听话的纸球	通过实验，了解空气会产生气压让纸球滚动	自制
3. 硬币哪去了	了解光的折射	自制
4. 瓶中的气球	通过实验，尝试了解瓶中充满空气与气球膨胀的关系	自制
种植观察类		
地点	户外露天空地、阳台走廊、室内	
植物	各种各样的植物	收集、购买
种植人	幼儿	
记录	观察记录表	自制
种植工具	各式铲子、花盆、浇水壶、剪刀、花架	收集、购买
种植材料	种子、泥土、肥料	收集、购买

3.按学科分类

声：声是物体振动时所产生的能引起听觉的波①。在科学区域里，主要让幼儿了解声音的不同音色，声音的高低、大小、震动频率和传播原理。相关材料有不同音色的乐器（叉、鼓、音琴）、自制简易传声筒等。

光：光是人眼能看到的电磁波谱，光能在真空、空气、水等透明物质中传播②。在科学区域里主要让幼儿了解光的折射、反射。相关材料有各种透镜（凹凸镜）、平面镜、三菱镜、万花筒等。

电：电是一种自然现象，是一种能量。③在科学区域里，主要让幼儿了解电的分类、电流回路、电的感应等现象。相关概念和材料有电的组合、闪电、静电、辉光球等。

磁：磁性是物质响应磁场作用的属性。在科学区域里，主要让幼儿了解磁的正负极、作用和能量。相关材料有磁铁、指南针、磁悬浮列车等。

力：让幼儿了解力的作用、方向，相关概念和材料有斜面板、摩擦力、重力、弹力、压力等。

水：水是地球上最常见的物质。要让幼儿在科学区域里了解水的作用和现象，知道水有固态、液态和气态之分，相关活动围绕水的流动、结冰、水蒸气等开展。

空气：空气是无色无味的气态物质。在科学区域里主要让幼儿了解空气的作用和特点，相关主题有气球、气压、风、燃烧等。

平衡：平衡是两个或两个以上的力作用于一个物体上，各个力互相抵消，使物体成相对静止的状态④。在科学区域里主要让幼儿了解平衡的现象。相关材料有天平、跷跷板等。

第二节　神奇小宇宙——活动组织与实施

一、玩中学，兴趣式学习

区域活动更关注幼儿的个体学习体验，这能有效促进幼儿自主学习能力的提高。在科学区域活动中，重点保护幼儿与生俱来的好奇心和探究欲望，引导幼儿观察周围环境的变化，感知生活中科学的用处，让幼儿动手操作，自主探究，激发浓厚的科学探索兴趣。

---

①②③④ 摘自百度百科。

区域活动操作案例：

表 5-2-1　实验案例：会变色的水

实验名称：会变色的水

实验原理：
1. 氢氧化钙滴入酚酞呈红色
2. 二氧化碳与氢氧化钙反应形成碳酸钙，遇到酚酞不显色

材料准备：
工具——锥形烧瓶、吸管
材料——氢氧化钙液、酚酞

实验步骤：
1. 将氢氧化钙溶液倒入三角锥形瓶中
2. 滴入酚酞在氢氧化钙溶液中
3. 取一根吸管不断往氢氧化钙溶液中吹气

实验过程：

图 5-2-1　步骤一

图 5-2-2　步骤二

图 5-2-3　步骤三

图 5-2-4　步骤四

图 5-2-5　步骤五

图 5-2-6　会变色的水

小贴士

因为实验材料"氢氧化钙液"、"酚酞"是属酸性的化学品，带有一定的腐蚀性，在操作之前要和幼儿详细介绍操作材料的特质。强调不能食用，不要用手去玩，不小心弄到眼睛、皮肤上要第一时间用水冲洗。建议6个人以内参加实验，便于老师能关注到每位幼儿的操作情况

家长反馈

欣欣今天回来说操作了一个神奇的实验，在水里加了一个神奇的魔法水，然后水就变色了，再用吸管来吹，天呀！水又变回原来的白色啦！

孩子在说的时候眉飞色舞，能感受到孩子对科学小实验深深的喜爱，原来科学离我们并不遥远，就在我们的身边！

还记得有一次欣欣和我完成了"自制纸"的亲子制作时说："我也会造纸啦，蔡伦是大科学家，那我是小科学家啦"！脸上表露出自信满满的神情。

班级开设科学区，小朋友们既玩得高兴又学得开心。小小实验及小制作不仅能很好培养孩子动手动脑能力，也让孩子知道一些基本科学原理和运行规律，很好地开发孩子的科学潜能、培养良好观察习惯及逻辑思维能力！

——欣欣妈

表 5-2-2　实验案例：火山爆发

实验名称：火山爆发
实验原理： 1.柠檬酸与小苏打产生化学反应生成了二氧化碳气体 2.气体遇到洗洁精产生泡泡
材料准备： 工具——锥形烧瓶 材料——柠檬酸、小苏打、洗洁精
实验步骤： 1.将洗洁精以及小苏打倒入三角锥形瓶中 2.将红色色素滴入三角锥形瓶中 3.倒入柠檬酸溶液并摇晃均匀

实验过程：

图 5-2-7 步骤一

图 5-2-8 步骤二

图 5-2-9 步骤三

图 5-2-10 步骤四

图 5-2-11 步骤五

图 5-2-12 步骤六

图 5-2-13 步骤七

图 5-2-14 火山爆发

小贴士

因为实验材料"柠檬酸液"是含酸性的化学品，带有一定的腐蚀性，在操作之前要和幼儿详细介绍操作材料的特质。强调不能食用，不要用手去玩，不小心弄到眼睛、皮肤上要第一时间用水冲洗。建议 6 个人以内参加实验，便于老师能关注到每位幼儿的操作情况

家长反馈

星博回来跟我说：今天老师教我们做科学实验啦！火山爆发！好可怕吧？不过我是男孩子，一开始就接受挑战！

老师先给我一个玻璃瓶子，有点儿像我的酸奶瓶，我闻了一下，没有味道。后来老师说要往瓶子里面放材料的，一开始先把小苏打放到瓶子里。这个实验很危险的，女孩只能在旁边看，危险的动作是男孩儿来做的，然后再加点红药水进去！老师说加上一杯"秘密武器"就能看到火山爆发。起先我只倒了一点点，没反应，后来我又倒了一次，真的有反应啦！哦！火山喷发，喷到瓶口，然后就溢出来啦！真的是火山爆发啦！真不敢相信我的火山爆发实验一次就成功啦！

——星博妈

表 5-2-3　实验案例：彩虹水

实验名称：彩虹水
实验原理： 因饱和盐水、盐水以及清水的密度不同会形成分层的现象，密度大的在下，密度小的在上
材料准备： 工具——滴管、塑料杯子、搅拌棍、试管、试管架子 材料——水、盐、红蓝黄三色水粉颜料
实验步骤： 1. 调制一杯饱和盐水、一杯盐水、一杯清水 2. 在三杯溶液中分别放入三种不同颜色的颜料 3. 按照饱和盐水、盐水、清水的顺序，用滴管吸取滴入试管中 4. 拿试管的姿势：微倾斜再缓慢地滴入

实验过程：

图 5-2-15　步骤一

图 5-2-16　步骤二

图 5-2-17　步骤三

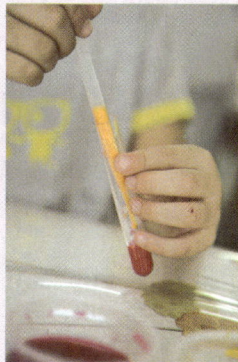

图 5-2-18　步骤四

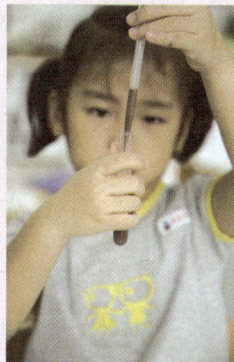

图 5-2-19　步骤五

图 5-2-20　步骤六

图 5-2-21　步骤七

图 5-2-22　试管彩虹水

教师反思

这个实验起因于幼儿的好奇和疑惑。深圳的夏季多雨，每次下雨后他们总会问：老师，为什么雨停了还没有看到彩虹出来？孩子们看不到期待的彩虹很失落，于是我们和班级孩子们探讨后，决定到科学区里尝试制作彩虹。

科学区一次活动能进入 6 位小朋友做实验，小朋友可以选择自己完成，也可以选择和好朋友一起合作完成。第一次做这么精细的实验，幼儿在操作时容易表现出没耐心、急躁的情绪，想一次就能成功做出彩虹水。可是在一次又一次的实验过程中，他们发现越急越容易失败。多多一开始的时候自信满满，可是连续两次失败后就有点气馁，说不想再做了。旁边小朋友听到她说不想做了，立马回了一句："会坚持的小朋友本领最厉害！你看我的也是失败的，可是我一直在坚持！要不我们一起做吧。"

在操作过程中，从一个人失败到两个人合作的成功，幼儿收获的不单是实验的成功，而且有探索学习的优良品质，还学会了在失败中寻找原因，学会了坚持、学会了向同伴求助、学会了合作，可谓收获满满。

家长反馈

今天多多一回到家就兴奋地嚷嚷："我成功了，我成功了！"

我很好奇是什么事情让她这么兴奋。因为多多是一个很自信、各方面能力都比较不错的孩子，所以平时做事情都比较容易完成，一般的活动对她不算太有挑战。

"妈妈，这个实验很有趣的，当我加入不同的颜色，摇两下就变成另一种颜色，还有可能是上下两个不同的颜色，第一次，第二次，第三次都没有成功，没有做成我想要的彩虹颜色，可我一直坚持，最后成功调成我喜欢的彩虹颜色啦，好开心！"

通过孩子的讲述，我知道她在这一次科学实验中学会了坚持，不怕失败，敢于挑战。让孩子从小爱科学，做科学小实验是一件非常有趣、有吸引力的一件事，它能让孩子探索出许多不可思议的科学奥秘。科学区让孩子们有了一个可操作、可探索的区域，非常感谢老师们的精心设计！

——多多妈妈

二、做中学，探究式学习

（一）结合园本课程，开展项目合作学习

根据幼儿园"三人行"的课程理念，结合园本课程"项目合作学习"的模式，对幼儿在区域学习里比较感兴趣的点，进行团讨，展开探究式学习。

所谓项目合作学习，就是幼儿对于在日常生活、学习中发现感兴趣的"现象"、"问题"、"话题"进行深入研究。这种学习方式和主题学习的最大区别就在于，活动的发起人是幼儿自己，每一步的推进根据幼儿的需要而定，在第三阶段可以根据幼儿的探究进行反复实践与操作。

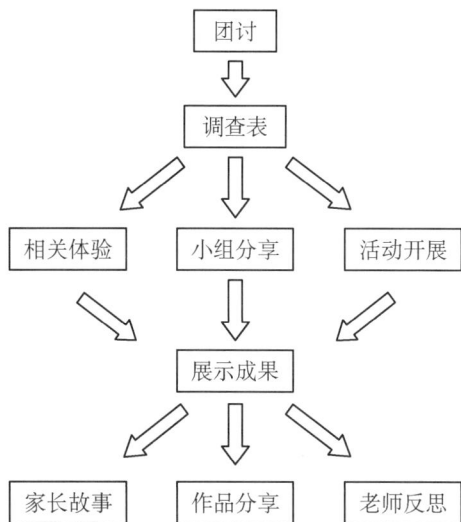

图 5-2-23　项目合作学习网络图

教师观察幼儿在区域中感兴趣的地方，提炼出有价值的点，面向全班，和幼儿进行深入研究。这一过程基本可总结为：发现兴趣点—集体团讨—确立项目学习主题。

例：班级科学区本周进行亲子自制小实验，小朋友在家和家长定好实验项目，在家自行操作，操作成功后来园在区域活动时进行小组展示。小比小朋友和妈妈一起制作了"纸花开花"的科学小实验，在实验展示时小朋友充满了疑问：纸花是假的，为什么会开花？这个纸是什么纸……经过一番谈论后，大家将问题指向纸：这是什么样的纸？为什么折出来的花可以开放？

当大部分幼儿对"纸"这个命题感兴趣时，老师可以提炼孩子的兴趣点，进行探究式学习。

项目合作学习带着幼儿的"问题"在探究中不断推进，探究过程中老师会以团讨方式发散幼儿思维，用调查表的方式进行亲子互动式学习，以小组形式进行科学区域活动的分享、小结。根据问题需要，老师会增加领域课程的支持，给予幼儿理论或知识点的支撑，让幼儿更深层次地挖掘自己预设问题的指向性答案。

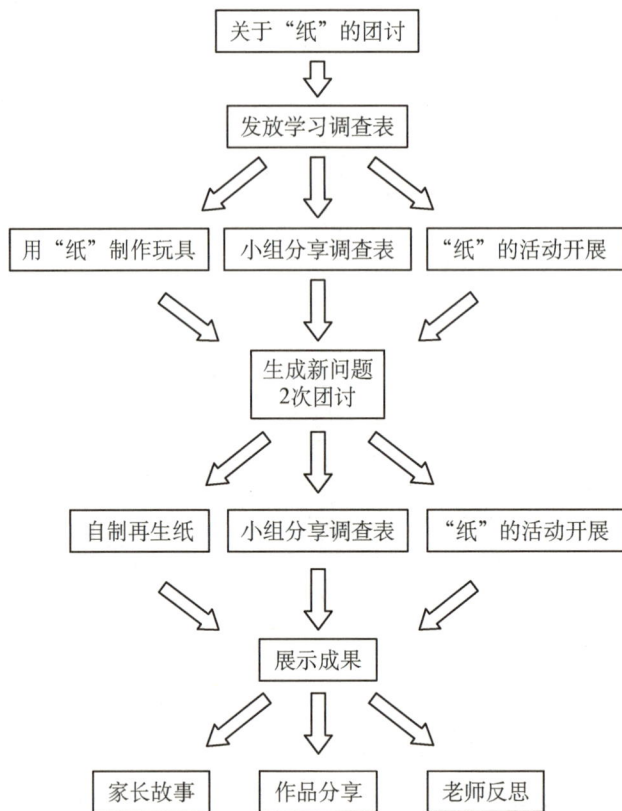

图 5-2-24 "纸"学习网络图

表 5-2-4 "纸"项目合作学习目录表格

学习形式	学习内容	序号	标题	内容明细	对象
项目合作学习	纸	1	第一次团讨	1-1 纸是什么做成的？纸有什么作用？	师生
		2	第一次调查表	2-1 学习任务调查表（见后附表5-2-5）	亲子
		3	第一次小组分享	3-1 3—6人内的小组分享	师生
			纸的相关制作	3-2 纸做的玩具 3-3 分享制作趣事，选出最受欢迎玩具	亲子 师生

续表

学习形式	学习内容	序号	标题	内容明细	对象
项目合作学习	纸	3	活动开展	3-4 语言：①纸的由来；②纸飞机 美术：①折纸；②纸盘画 科学：①有趣的纸；②自制再生纸	师生
		4	第二次团讨	4-1 什么材料可以做纸？	师生
		5	第二次调查表	5-1 学习任务调查表（见后附表5-2-6）	亲子
		6	第二次小组分享	6-1 3—6人内的小组分享	师生
			纸的相关制作	6-2 自制再生纸 6-3 分享	亲子 师生
			领域活动	6-4 语言：①纸雨伞；②哭泣的纸宝宝 美术：①纸艺欣赏；②美丽的纸帽子 科学：纸是大力士	师生
		7	成果展示	幼儿作品展	幼儿
				家长故事	家长
				视频	家长、老师

附：项目合作学习相关表格

表 5-2-5　幼儿学习任务调查表 1

主题：纸	班级：中一班	调查人：
途径（访谈、参观、网站查询等）：		完成时间：
内容：		

家长指导说明（调查表5-2-5背面）

活动意图：

结合班级科学区特色，开展关于"纸"的学习活动，让孩子自主探索关于"纸"的知识和内容等，促进孩子自主学习，多纬度去认识"纸"。培养孩子的任务意识，增强孩子的学习能力。

家长指导提示：

1. 通过团讨，发现孩子们对"纸"的相关知识很感兴趣，您可以和孩子从"纸的由来、纸的作用、纸的物品……"等几个方面去引导孩子进行思考，并选取一个题目进行调查和记录。

如：

纸是怎么做成的？（引导幼儿从纸的产生历史、制作工艺等方面进行描述）

纸的特点和用途？（引导幼儿从不同质地纸的特点进行描述）

纸的分类有哪些？（可以尝试运用文字和实物相结合的方式展示，便于识别）

纸做的物品有哪些？

……

还可以和孩子讨论新的题目。

2. 请您用以下方式进行记录（三种都用或者选择使用）：

- 幼儿口述，家长用文字记录
- 幼儿用绘画的方式表现
- 照片说明

3. 请您认真和孩子一起完成此项任务，您的态度就是将来孩子学习的态度！本次调查表以幼儿主动学习为主、家长为辅，不要为完成任务而包办代替，鼓励孩子自主学习，完成调查表并学会表述调查内容。

表 5-2-6　幼儿学习任务调查表 2

主题：自制纸	班级：中一班	调查人：
途径（访谈、参观、网站查询等）：		完成时间：
内容： 1. 探索问题（猜测、创想）		
2. 所采用的自制材料和工具		

152

3. 自制纸的步骤

4. 自制纸展示

家长指导说明（调查表5-2-6背面）

活动意图：

结合班级科学区特色，开展关于"纸"的学习活动，让孩子自主探索关于"纸"的有关的知识和内容等。在探索的过程中孩子们对纸的制作产生了浓厚的兴趣，并好奇除了树以外的东西是否能做成纸呢？请家长在家和孩子们大胆用不同的材料去尝试是否能制作成纸，并将探索过程用文字、绘画或照片记录下来。

家长指导提示：

1. 通过前期和孩子们一起共同探索关于"纸"的知识，孩子们对"纸"的制作产生了浓厚的兴趣，请家长引导孩子大胆畅想除了树木还有什么材料可以做成纸呢？可从以下的问题中选择1—3个您和孩子都感兴趣的话题进行调查和记录。

如：

除了树木以外还有什么可以制成纸呢？

不同材料制作出来的纸有什么特点？

不同材料制作出来的纸有什么不同？

我想用××材料尝试自制纸……

2. 请您用以下方式进行记录（三种都用或者选择使用）：

- 幼儿口述，家长用文字记录
- 幼儿用绘画的方式表现
- 照片说明
- 实物呈现

3. 请您认真和孩子一起完成此项任务，您的态度就是将来孩子学习的态度！本次调查表以幼儿主动学习为主、家长为辅，不要为完成任务而包办代替，鼓励孩子自主学习，完成调查表并学会表述调查内容，如果资料丰富可以自制成画册呈现。

（二）携手家长资源，开展探究式学习

每个家庭都有自己的生活模式和独特的家庭环境，在课程开展中要充分调动家长的积极性，使其参与到幼儿教育中来，真正意义上实现家园共育。

例：在"纸"的项目合作学习中，家长与幼儿亲自动手制作玩具。在制作过程中有了家长的参与和技术指导，幼儿的积极性就能被充分调动，操作能力也得到提升。作品完成后，在幼儿与大家分享的过程中体现出亲子互动给幼儿带来的深刻印象及体验，这一切都充满了乐趣。

下面展示的是"纸"项目合作学习中亲子制作的玩具。

图 5-2-25 纸自制玩具 — 轿车

图 5-2-26 纸自制玩具 — 校车

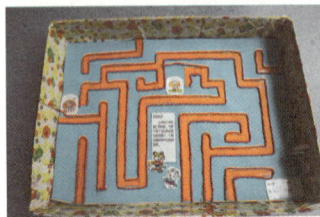

图 5-2-27 纸自制玩具 — 巧虎走迷宫

图 5-2-28 纸自制玩具 — 小蚂蚁走迷宫

图 5-2-29 纸自制玩具 — 坦克

图 5-2-30 纸自制玩具 — 小狗汽车

图 5-2-31 纸自制玩具 — 木马

图 5-2-32 纸自制玩具 — 恐龙

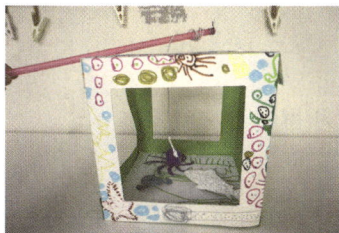

图 5-2-33 纸自制玩具 — 钓鱼　　图 5-2-34 纸自制玩具 — 海族馆

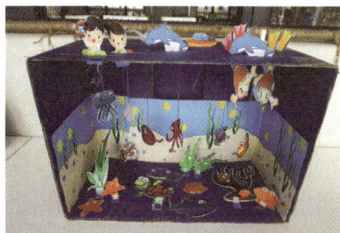

第三节　快乐成长向前冲——幼儿发展与收获

一、快乐学习，爱上科学

皮亚杰指出："幼儿通过游戏和尝试活动，在不断的选择、探索中，在与他人及环境的互动过程中，将所获得的信息整合成一个有组织的建构，这就是知识。知识的获得并不赖于成人的主观愿望和努力灌输，而必须经由幼儿亲身的探索，与环境的互动才能掌握。"

（一）幼儿综合能力的提升

科学区是创设环境、投放多元化材料，让幼儿通过探索游戏和操作活动进行科学启蒙的活动，从而获取学习经验的领地。幼儿在语言表达、动手操作、科学知识等方面获得提升和进步，具体体现可见下表。

表 5-3-1　各年龄段幼儿综合能力的提升

目标能力	年龄段	内容	案例
语言表达能力	中班或大班	在众人面前大胆表达自己的想法、发现或调查结果	"纸"—调查表：能清楚地表达出纸的制造材料和简单操作
动手操作能力	小、中、大班	学会操作使用科学区的专门工具和材料：尺子、量杯、显微镜、各种粉状材料（盐、糖、苏打粉等）	"纸"—自制纸：能用搅拌机、滤网、压模等工具进行自制再生纸
社会交往能力（合作）	中班或大班	在操作中会与同伴协商、分工、合作	"纸"—自制玩具：和小伙伴两人合作制作玩具
知识和经验的获得	中班或大班	通过操作获得直接经验，了解基础的科学现象、知识	"纸"：通过操作探究，了解纸的制作方法和流程

（二）促进幼儿多方面发展

1. 认知能力的多方发展

（1）通过区域操作获得科学知识和经验积累。

（2）在操作过程中提升观察、分类、比较的能力。

（3）学用记录表对实验过程、结果进行记录，学会用符号、绘画等方式进行记录。

2. 身体动觉的有效锻炼

（1）通过材料操作发展幼儿动作技能，如：精细动作、大臂动作。

（2）在户外自然探究活动中，增强身体机能，提高免疫力和环境适应性。

（3）通过操作活动，培养幼儿的观察力和耐力。

3. 积极情感的良好铺垫

（1）保护幼儿的好奇心和求知欲。

（2）培养幼儿广泛的兴趣和动手能力。

（3）培养幼儿关心、爱护动植物的情感。

二、亲子共筑，成长之路

20世纪60年代起美国广泛开展"开端计划"（Project Head Start），提出了"家长对幼儿发展具有最重要的意义，应该积极帮助家长提高教育水平，组织家长参与幼儿教育过程，充分发挥家长的作用，形成家园密切合作，共同育儿的格局"的理念。

（一）家庭教育，促进个性化发展

幼儿园因人数、时间等因素，在活动中很难做到一对一的充分指导。而在家庭中就不存在这一问题，可以进行一对一或者多对一的教育指导，能更有针对性地对幼儿进行个性化指导。

除了幼儿园布置的亲子活动，家长在生活中要擅于挖掘身边的现象进行科学探索活动，以拓宽幼儿视野，如：电热水壶的水开了为什么会唱歌？爸爸妈妈的身体为什么不一样？电视为什么能放出画面……让科学的种子在幼儿的心中生根发芽。

（二）点滴记录，留下成长印记

例：亲子探究日记。

纸的游戏真好玩

这学期幼儿园开展了项目学习活动，老师在班级日常科学活动中抓住孩子们感兴趣的点，确定活动主题，制定《幼儿学习任务调查表》。表格里附有活动的意图、家长指导说明,在操作方式上提出可行性建议,并特别强调了活动原则:幼儿为主、家长为辅、不能包办、鼓励自主。作为强烈支持家园共育、热衷亲子活动的家长,我们对这样的活动充满了好奇和期待。

关于"纸"的项目,总共有两次学习任务调查和动手实践活动,皆围绕"纸"这个主题展开。从认识我们身边的纸,到自己制作纸质玩具,再到造纸,活动主题明确,思路连贯,渐进式推导由浅入深,孩子通过动眼(学会观察)、动脑(学会思考)、动手(自主参与)、动嘴(课堂分享),寓学于乐地参与了学习实践全过程。

第一次作业是认识纸,孩子快乐地在家里翻找他所认识的纸——纸杯、纸箱、纸巾、纸袋、报纸、书……然后剪纸、撕纸、折纸、画画,做出很多漂亮的手工。

图 5-3-1 撕纸

图 5-3-2 做出漂亮的纸作品

第二次作业是纸质玩具,儿子喜欢大海、海洋生物,我们就用废纸箱和彩色图片做了一个美丽的海洋世界。纸箱用油彩涂成蓝色;箱底贴上水草、贝壳、珊瑚、海星;细绳挂起来在海中游弋的是鲸鱼、水母、龙虾、热带鱼;箱子顶部的海面上是海鸥、游艇、游泳和潜水的小朋友……

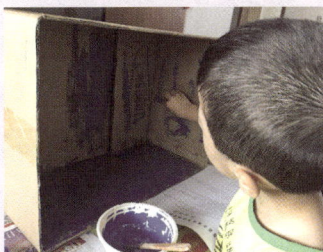
图 5-3-3 纸箱里涂上蓝色

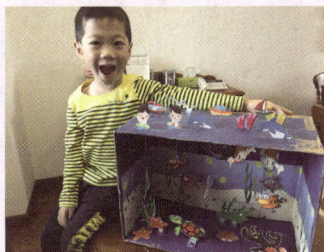
图 5-3-4 纸作品"海洋世界"

第三次作业是造纸,小朋友的参与度越来越高,撕纸、浸泡、打浆、吸水……都成为他感兴趣的游戏。来之不易的劳动成果也让孩子学会了珍惜,妈妈稍稍唠叨一句纸的干硬,儿子马上维护解释:"我们做的是卡纸!"后来我们画画系绳把自制纸做成了书签,留作永远的纪念。

图 5-3-5 自制再生纸——
打浆

图 5-3-6 自制再生纸——
滤水

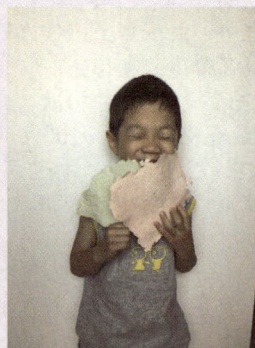

图 5-3-7 自制再生纸——
完成啦!

第四次作业,在科技节活动期间,我们选择跟纸有关的科学小实验——"小车过纸桥",通过折纸,说明结构改变承重力。

图 5-3-8 纸的科学实验

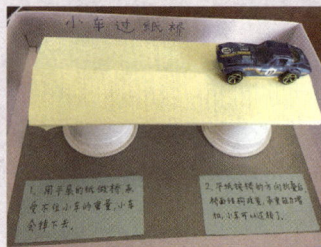

图 5-3-9 小车过纸桥

经过一学期的学习体验,孩子对纸有了全新的认识,家长陪伴孩子一起学习实践、一起亲子互动,收获的也不比孩子少哦!

——沛洋妈妈

结语

生活在现代社会中的儿童,无时无刻不在接受现代科学技术的影响,享受现代科技的成果。儿童是天生的科学家,对周围环境的好奇心和探究欲望非常强烈。

幼儿科学教育是指创设科学教育环境和条件,供幼儿自主进行科学认知、探索、操作的活动,让幼儿获得科学知识、科学技能,激发幼儿探究意识和好奇心的过程。

"幼儿科学教育旨在引导幼儿广泛地接触和认识周围环境，获取科学知识和经验，开阔眼界掌握学科学的方法和技能，培养对科学的兴趣和求知欲望，发展智力、语言和动手能力，培养对周围世界的积极情感和正确态度。"

我们立足科学区，通过环境创设、不同层次材料的投放，激发幼儿积极探索的愿望；通过与课程的结合，最大化发挥区域活动的有效性；通过在科学区域的有效操作，促进幼儿的发展与成长。主要从以下三方面进行：

（1）细化区域，多层次的区域设置满足幼儿探索及发展的需要。

（2）有效与园本课程结合，鼓励家长参与，将科学区域的活动有效延伸至家庭。

（3）通过科学区域的活动，促进幼儿动手能力、探索能力的提升，使幼儿得到多方面的发展与收获。

幼儿科学教育的核心是保护幼儿的好奇心，激发幼儿的探究兴趣，使其探索身边大自然的规律，了解人类与动物、植物之间的联系，感受现代科技给人们生活带来的影响和改变。在科学探究的过程中，幼儿学习了科学的操作技能和方法，其探究的过程是幼儿获取主动学习和自我建构知识的过程。

第六章

智慧小书虫

大眼看区域

娃娃A：语言区里面有好多好多的图书，在这里我们可以选择自己喜欢的书。

娃娃B：我喜欢坐在小沙发上给我的"大鲨鱼"讲故事。

娃娃C：我喜欢自己当主持人。

娃娃D：我喜欢跟我喜欢的动物朋友说说话。

娃娃E：我喜欢自己动手制作图书。

娃娃F：我喜欢和好朋友一起分享我的心情、听听故事。

娃娃G：我会自己整理图书、帮图书补"衣服"、编故事、用手偶自己表演故事。

语言区需要营造一种语言环境，即一种氛围。一个良好的语言氛围会给幼儿带来激情，调动他们使用语言的积极性。语言区就是要创造一个让幼儿语言能力不断运用发展的环境，使幼儿想说、敢说、喜欢说、有机会说，在宽松的氛围中体会语言带来的快乐。在舒适自主的交流中，有效提高幼儿的语言能力。因此，语言区是提升幼儿语言发展的良好途径，在这里，教师更能细致关注每个幼儿。

第一节　语言天地——环境创设及材料投放

《指南》提出："语言是交流和思维的工具。幼儿期是语言发展，特别是口语发展的重要时期。幼儿的语言能力是在交流和运用的过程中发展起来的。应为幼儿创设自由、宽松的语言交流环境，鼓励和支持幼儿与成人/同伴交流，让幼儿想说、敢说、喜欢说并能得到积极的回应。"

语言区如何真正成为孩子想说、敢说、喜欢说、有机会说的角落呢？

一、语言区设置原则

（1）设置在较为安静的区域，光线充足。

（2）布置软的地面、抱枕、小沙发等，便于孩子坐着阅读。

（3）提供的书种类要丰富，数量要多于这个区进入的孩子数。

（4）与主题相关的书箱。

（5）所选择的书籍适合幼儿的年龄。

（6）书的摆放有利于让幼儿看到书名。

（7）大书立着放。

（8）提供书写的材料。

二、语言区整体规划

（一）营造温馨氛围，激发幼儿参与的积极性

对于幼儿来说，家庭化的环境更有助于增强其对环境的亲切感，使幼儿愿意参与、乐于参与，并促进幼儿获得良好情感体验、获得语言发展。我们将语言区以"家"的形式设置，每个子区域做成"小房间"，营造舒适的环境，在一个个具有亲和力、舒适感的子区域中，让幼儿产生愉快、积极的情感体验。

图 6-1-1　温馨的语言区

（二）调整区域的格局，细分语言区子区域

将语言区细分为听赏区、操作区、阅读区、表演区，并根据其动静特点，将各子区域分设在语言区的不同角落，避免相互间的干扰。幼儿在语言区的各子区域中自主地选择材料，积极地与材料互动，促进语言听、说、读、写（前书写）等综合能力的提高。

1. 听赏区——提升倾听的能力

根据幼儿倾听发展的需要，通过有声读物、录音机、点读笔等材料的提供，增强幼儿与材料的互动性，提升幼儿的倾听能力和动手能力。

图 6-1-2　听赏区

图 6-1-3　表演区

2. 表演区——提升表达能力

表演区是供幼儿与同伴进行象征性游戏，复述喜欢的故事，开展即兴的故事表演的场所。一般会提供小舞台，各类玩偶、手偶、指偶等材料，为幼儿提供表演所需的各种材料和道具。

3. 阅读区——提升阅读能力

阅读区是供幼儿自主选择图书的场所。根据幼儿需要，设有"新书推荐"、"最受欢迎的图书"、"主题书籍"、"男孩、女孩书录"等栏目，给幼儿一个分类清晰、标志清楚的阅读环境。另外，阅读区配置的软垫、软沙发营造出舒适的氛围，吸引幼儿来到阅读区看书。

图 6-1-4　阅读区

4. 操作区——提升前书写能力

《指南》提出让幼儿在写写画画的过程中体会文字符号的功能，培养书写的兴趣。在操作区为幼儿提供沙盘、彩笔、剪刀等材料，为幼儿自我修补图书、自制图书、写写画画创造机会。

图 6-1-5　操作区

（三）多维度、多层次适宜材料的投放

语言区的材料投放是有一定讲究的。根据幼儿的年龄特点，从幼儿的兴趣需要出发，投放具有互动性、趣味性、操作性和游戏性的语言操作材料，让幼儿与不同维度、不同层次的材料互动，通过和同伴、成人的交往，在听、看、模仿等过程中不断地提高自身的语言综合能力水平。

表 6-1-1　语言区子区域环境营造、材料投放及发展层次一览表

子区域	环境营造	材料投放	发展层次
听赏区	方便幼儿取放，高度适宜	录音机、点读笔、播放器、学习机、耳机、半圆桌等	第一层次：能自己使用材料，初步自主操作； 第二层次：安静倾听自己选择的学习内容，能对感兴趣的内容持续学习； 第三层次：能依据听赏材料进行自我纠错式的自主学习
表演区	适合幼儿表演的场地，划分观众席	表演架、手偶、指偶、小麦克风、相关角色服装等	第一层次：知道材料的使用，愿意参与表演游戏； 第二层次：会根据自己的需要选择合适角色和材料； 第三层次：能根据表演的需要安排角色，会使用角色语言，能进行即兴表演
阅读区	软环境的营造，如家般温馨	各类书本、地垫、挂图、沙发等	第一层次：愿意阅读，主动要求成人讲故事、读图书，能听懂短小的儿歌或故事； 第二层次：能反复看自己喜欢的图书，能大体讲出所听故事的主要内容； 第三层次：能专注阅读，说出所阅读的幼儿文学作品的主要内容；愿意用图画或符号表现事物和故事[1]
操作区	方便幼儿操作，材料丰富	胶带、剪刀、胶水、夹子、各色卡纸、彩笔、订书机等	第一层次：愿意参与操作游戏，必要时会寻求成人的帮助； 第二层次：能发现操作的规律，基本自主完成操作； 第三层次：在操作的过程中能自主完成，并发现其规律，会互相合作操作

---

[1] 摘自《3—6 岁儿童学习与发展指南》。

第二节 爱上"听说读写"
——活动组织与实施

一、善于倾听

倾听是一种接纳信息的活动。对幼儿来说，培养听的兴趣和倾听的好习惯非常重要。要让幼儿喜欢听故事、儿歌，能听懂别人说话的意思，明白故事的主要内容，交谈时能注视对方等。

现代社会电子产品随处可见，幼儿对这类产品也非常感兴趣。可在区域中投放一些点读笔、IPAD、录音机等来播放幼儿故事、童谣、音乐给幼儿听，也可以将幼儿平时爱听的故事用录音机录下来播放。

图 6-2-1 幼儿操作点读笔

图 6-2-2 幼儿认真操作

案例实录：小熊猫录音机

镜头：小白和舒涵进了语言区，两人有模有样地将耳机插进录音机里。小白按下录音机的录音键，像个电台主持人一样说："大家好，我是小三班的小白。"然后快速按下播放键，听到自己声音后，好像发现了什么秘密，两人大笑起来，很是开心。舒涵也想试试："到我说了，到我说了！"小白帮舒涵按下录音键，舒涵把头凑到录音机前说："大家好，我是小舒涵，我和小白是好朋友。"说完按下播放键，两个人你一言我一语，从自我介绍到介绍好朋友再到自己创编故事，四十多分钟的"工作"时间，一直很愉快！

图 6-2-3　幼儿操作录音机

　　分析：录音机一般会被用作教学活动的工具。将录音机投放在语言区后，在活动操作过程中，幼儿会将语言区看到的图编故事、有趣的话语、朗诵诗歌录下来，再播放给全班幼儿听，这样，幼儿的自信心和表现欲得到极大激发。

　　幼儿越来越喜欢在语言区——听赏区操作，说明老师投放的材料适合幼儿的年龄特征和兴趣需要。用录音机记录幼儿讲述的内容，让录音机成为幼儿的倾听伙伴。幼儿在倾听和欣赏中学习了新词、句子和完整表达，在互动交流中进一步增强幼儿学习语言的积极性和主动性，达到了语言活动需要"听"与"说"和谐发展的目标。

二、乐于表达

　　表达也就是说的过程，具有传达信息、交流情感、表达要求等功能。幼儿每天少不了与别人交谈，这种实际运用语言的交流是幼儿学习语言的基本形式。

　　幼儿园语言教育不仅仅在于教会幼儿多少个词，多少个句式，还应重视为幼儿创设说的环境，更应注重在实际的生活中加以运用。鼓励幼儿与幼儿、幼儿与成人之间进行积极的言语交流。

　　因此，在语言区中，我们有目的地为幼儿设计了一些说的活动、说的情景，让幼儿有更多语言自主交流的机会。可进行以下的练习，例如："小剧台"启发幼儿情境表演，鼓励幼儿合作式的分角色讲述故事，讲述时可提供木偶、指偶、情境图让幼儿边操纵边讲述。可为幼儿提供一些熟悉、朗朗上口的故事，引导幼儿复述故事，或者情境创编故事，从而促进幼儿表达能力的提高。

案例实录：小小表演家

镜头：柏因和靖靖是小剧台的"常客"。有一天，柏因邀请了靖靖和她一起表演"小青蛙生病"的故事，她们自己戴着头饰和手偶，拿着小话筒开始你一言我一语地讲起来。柏因："小青蛙生病了，它躺在家里，毛毛虫来请它出去玩，它没有力气。"靖靖扮演的小青蛙故意用难受的声音说："我生病了，妈妈叫我留在家里多喝水。"柏因还去邀请正在看书的孚孚来当她们的话剧观众，孚孚很高兴地答应了，和小伙伴一起搬来椅子，看柏因和靖靖的表演。

图 6-2-4　指偶表演

图 6-2-5　幼儿讲故事

分析：班级里的语言区——表演区是幼儿非常喜欢的区域，他们可以把想表演的东西展现出来，或用动作，或戴上头饰、穿上服装，或套上木偶进行表演，还会用自己的方式邀请小伙伴来观看。这里是幼儿展示自我的舞台。交流式的表演让幼儿可以自由畅谈，自由表达自己的想象，展示自信。在讲述和表演的过程中，不断丰富自己的语言表述能力和组织能力。老师们也会根据幼儿的兴趣进行材料的适时调整，适量新材料的投入会让幼儿的展示更为多彩丰富。小观众在欣赏的过程中潜移默化地学习了其他小朋友的表达方式，词汇量相应增加了，还懂得了相关礼仪。

三、衷于阅读

培养幼儿的阅读兴趣至关重要，用图书"喂大"的幼儿往往语言表达能力强，善于沟通。在阅读中也可激发幼儿对文字符号的兴趣，进而为前书写做准备。

（一）图书的投放

色彩鲜艳、形象生动、富有情趣、源于生活的各类书籍，将给幼儿带来不可估量的宝贵精神资源。在语言区——阅读区中的书籍分为故事情感类、节日类、益智类、探索发现类、诗歌类、概念类等，以保证幼儿不同兴趣、水平阅读的需要，并将图书进行按标签规整，清晰的分类便于幼儿取放。

（二）图书的呈现

书籍呈现方式应多种多样，方便幼儿取放和阅读：

平面式——书直接投放在图书展示柜上，一目了然。

立体式——用PC管制作的立体式书架，节省图书放置的空间，展示亲子、幼儿制作的图书。

插入式——提供一个书架，第一阶段幼儿可以自由插入，第二阶段要边和边对齐摆放，第三阶段要让幼儿学会把书从小到大整理好整齐摆放，由简到难逐渐培养孩子的取放习惯。

图书也不要一次性全部陈列，可分批投放。也可将图书分为"好书推荐"和"最受欢迎图书"，分类摆放。根据幼儿的兴趣，及时定期调整更换。

（三）阅读的习惯

为帮助幼儿养成良好的阅读习惯，可将幼儿区域中的好习惯拍成照片，张贴在墙面，如：提示幼儿看完一本再拿一本、看完书后放回原处、看书时有事轻声交流不影响他人、与小伙伴之间友好相处等，通过环境促进幼儿阅读习惯的养成。

日常生活中教师发现阅读中的小亮点，如：轻拿轻放、认真阅读、分享交流等，及时在班级分享，进行正确行为的强化，逐步培养幼儿良好的阅读习惯。

图 6-2-6　好书推荐　　　　图 6-2-7　最受欢迎图书　　　　图 6-2-8　共同阅读

案例实录：班级最受欢迎的书

镜头： 读书月活动，为激发幼儿多读书，班级投放了一定数量的新书。规整分类后，鼓励幼儿利用餐前的时间说说今天看了什么书，并向班级的小朋友介绍，既提升了幼儿的表达能力，又通过同伴的影响鼓励幼儿去多看书、多分享。

教师可用表格记录"我喜欢的书"，并统计出最受欢迎图书，从而制作出班级最受欢迎的图书标签。如：班里新投放了一批《第一次发现丛书——手电筒系列》，有一个幼儿介绍了这本书，很快小朋友产生了讨论交流，最终此书被评为最受欢迎的图书。

表 6-2-1　我最喜欢的书

姓 名	记录内容
云云	我最喜欢看这本书，它有一个手电筒，可以照亮
朗朗	它有一个黑色的胶片
凯凯	有本书里，都是飞机，我坐过飞机就是和这个一样的
淇淇	有一本里有我和妈妈，一起去坐的旋转木马
乐乐	这个手电筒一放进去，我就能看到很多的东西
涵涵	它有一把神奇的手电筒，我看到一只蟑螂
晗晗	我发现书里面有很多的星星，用手电筒一照它就亮了

分析： 新书投放时，教师要多观察幼儿对于新书的阅读情况，了解情况后才能及时跟进，采取相应方法激发幼儿的阅读兴趣。如：在餐前，选取一些幼儿感兴趣的图书，教师或幼儿进行分享，并明确告知幼儿书本具体放置的位置，幼儿往往会记得比较清楚，也会愿意去尝试阅读。还可鼓励幼儿带一些自己喜爱看的书，向同伴们讲述书中的故事，幼儿既是图书的提供者，又是图书的介绍者，以此提升幼儿的人际沟通、自主阅读等能力。

四、体验前书写

前书写的材料，如果单一地认为就是笔和纸，那是绝对的认识误区。我们可以投放一些前书写的材料，为后期写的兴趣做准备。如：①创设自制图书角。自制图书是一种综合性的活动，它包含了幼儿的读、写经验，将其用图画来表述故事，制作成书。②图书修补处。平时班级图书有破损的，幼儿可以在图书修补处进行修补、整理等。

图 6-2-9 修补图书

案例实录：自制图书《种子发芽》

镜头：今天的进区时间，佳颖走进语言区的自制图书角，自己动手制作《豆豆图书》，做完后邀请了旁边的丞丞等小朋友一起来欣赏作品。

图 6-2-10 自制图书

图 6-2-11 装订成册

分析：自制书不仅锻炼幼儿的动手操作能力，和小朋友分享作品还能促进幼儿交际能力和言语表达能力的提高。

案例实录：幼儿自制图书《我爱巧虎》

镜头： 早上做计划时，正正说："老师，那本破掉的巧虎书，可以送给我吗？我要和巧虎合照。"

我大方地送给他，一直在默默地关注他是如何要与巧虎合照。原来，孩子是将书里的巧虎剪下，画上自己的脑袋与巧虎"合影"。

图 6-2-12 "我和巧虎"的合照

分析： 班级的图书破损严重时，教师会选择丢弃或作为废品处理，但案例中正正变废为宝的创造，说明正正善于观察，发挥了想象力和动手能力。

幼儿的自制图书，虽没有成人书籍那样具备高度的文字概括性和纯粹的书面语言表达方式，但体现了幼儿的真实想法及其年龄段特有的语言表达方式，并充分展现幼儿时期童言稚语的魅力。

在自制的图书中，教师可以协助记录幼儿所表达的语言，保持幼儿语言中的童趣。自制图书架起了从口语到书面语的桥梁，同时呈现了幼儿自我创造的无穷潜力。

第三节 语言区的旅行——延伸与发展

语言区逐渐得到了幼儿的喜爱。幼儿在操作区中自制图书、修补图书等，学会了创作与自我服务；在表演区中，幼儿自导自演，自主创编故事进行情景表演，幼儿的语言能力大大提高了；在听赏区的录音机、点读笔的运用中，幼儿在使用过程中提升了语言倾听和表述能力；在阅读区，幼儿自主阅读，按需取放，词汇量增加了，想象力和语言综合能力得以提升，且养成了良好的阅读习惯。

　　根据幼儿的兴趣，我们将语言区活动进行了延伸，如：在班级中建立图书漂流区；举行亲子阅读、餐前交流、故事妈妈团讲故事等活动，让幼儿在各种活动中体验语言表达的快乐，收获表达交流的进步！

一、图书漂流区

　　在班级创设图书漂流区，邀请家长和幼儿把喜爱的图书带到幼儿园，与同伴分享阅读、交换阅读，中大班幼儿在老师和家长的指导下自主做好借阅图书登记，小班幼儿在家长的帮助下做好登记。

　　图书漂流区管理办法：

　　（1）每位幼儿自选一至两本经典图书，写好名字带至幼儿园与同伴进行分享。

　　（2）每人每次可借阅一本图书带回家，借阅时间为三天。

　　（3）借阅时请家长在图书漂流区的登记表处做好登记（见《图书漂流借阅登记表》）。

　　（4）如图书破损，可自行到语言区的"图书修补处"做修补，或在家中和父母共同修补图书。

　　（5）学期结束将书完好归还至班级，并做好还书的登记及家长签字。

　　（6）家长一定要督促孩子爱护带回家的书本，同时指导幼儿规范阅读，如有损坏请修补，遗失或损害严重者取同等价值书进行赔偿。

表 6-3-1　图书漂流借阅登记表

序号	书名	借阅人	班级	借阅时间	归还时间	备注
1						
2						
3						
4						

图 6-3-1　图书漂流区　　　　图 6-3-2　图书分类摆放　　　　图 6-3-3　幼儿借阅图书

二、故事妈妈团活动

故事妈妈团活动是指在每个星期五下午三点半，妈妈（爸爸）们会走进教室，轮流给每个班的幼儿讲故事。幼儿也可以跟妈妈（爸爸）一起在同学们面前讲故事：或扮演、或合作、或主持。幼儿园也为家长们提供专场，供家长讲故事、分享交流技巧等。园所定期请专家来园举办各种育儿沙龙及论坛活动，丰富家长的知识，提升家长的育儿理念。同时，每年都会评比"金牌妈妈/爸爸"及"优秀妈妈/爸爸"，为获奖家长颁发奖牌证书，对故事妈妈团的工作给予肯定，这既是故事妈妈团的荣誉，也让幼儿为爸爸妈妈感到自豪。

图 6-3-4　故事妈妈表演故事　　　　图 6-3-5　故事妈妈讲故事

三、亲子阅读

3—6岁的幼儿还不能完全识字读书、自主学习，他们的认知能力和社会交往能力、独立阅读能力都有待提高。家长的陪伴和亲子阅读尤为重要。亲子阅读是指在家庭情境中，父母和幼儿共同阅读书籍、围绕图画书展开讨论、交流的一种分享性的、个别化的阅读活动，更是一种强调亲子间互动的阅读方式。

亲子阅读也是幼儿学习语言、运用语言的过程，可以增进亲子感情，让幼儿感受家庭的温暖、父母的关爱，同时也让家长参与教育的过程，享受这属于自己和孩子的特殊美好时光！

亲子阅读日记：花时间陪伴孩子
（小清家庭）

上周，儿子学校组织了亲子阅读活动，我生平第一次，这么认真地和宝贝儿子一口气读了三本书。这次活动我感觉非常好，因为它让我与孩子得到了很好的沟通与交流，同时也让我体会到了儿童文学的魅力，拉近了与孩子之间的距离。

在亲子阅读中让我感触最深的是贵在坚持。在我儿子两岁时，我就给他买各种图书，有时候我能陪着他阅读，但是总不能持之以恒，有时儿子拿着他的书要求我讲故事时，疲惫的我总是以各种借口推脱。有一次，我看见被我拒绝了的儿子失落地在地上玩玩具时，我决定花时间陪孩子，少些时间给电脑和电视。我们家长每日要为工作奔波劳累，所以不会有太多的时间给予我们的孩子！其实孩子们也不会剥夺我们太多的时间，每天只要陪他阅读 15 至 30 分钟就已经足够了。

图 6-3-6　亲子阅读

书是一颗小小的种子，当父母把它种在孩子的心田，再用耐心去浇灌，小小的种子就会爆发出勃勃生机，长成参天大树，启迪心灵，滋养智慧。同时，作为家长，陪孩子多玩多读是提高孩子素质的一种方式。当孩子已经熟悉了书中的内容，我们做爸爸、妈妈的就和孩子一起分别扮演不同的角色来阅读故事书，这样的阅读不仅能让孩子在阅读过程中体会到阅读的乐趣，而且还能培养孩子阅读的良好习惯，提高其注意力。原来，不管爸爸妈妈有多忙，不管你们普通话多不标准，在孩子的心中，只要你们给他讲过故事，陪他阅读，他就认为自己很开心、很快乐、很幸福！年轻的爸爸妈妈们，孩子爱你多简单！以后我会尽量多抽时间为宝贝讲故事，让宝贝更快乐，更幸福！

四、过渡环节的利用

《指南》中提出，幼儿期是幼儿语言发展的关键时期。可以利用自由阅读、餐前/睡前故事、主题分享等方式锻炼幼儿自我表述能力。

（1）自由阅读：每天固定10—20分钟的阅读时间，幼儿自主阅读。

（2）餐前/睡前故事：每天餐前/午睡前十分钟由老师或幼儿给同伴分享故事，用故事"喂"大幼儿，让幼儿享受故事大餐。

（3）主题分享：根据班级或幼儿园的主题开展分享活动，如：分享周末趣事、小实验等，通过长期持续的锻炼，幼儿能在同伴和集体面前大胆表述，语言表达能力明显提高。

结语

《纲要》指出，语言能力是在运用的过程中发展起来的，发展语言的关键就是创设一个能让幼儿想说、喜欢说、有机会说，并能得到积极应答的环境。但在实际的语言环境创设过程中，总是受到局限和困扰。一般的语言区多数以阅读绘本为主，导致语言区相比其他区显得冷清，有"门可罗雀"之感，缺少趣味性，幼儿不愿参与。那为什么会出现这样的状况呢？如何才能更好地发挥语言区的独特作用呢？带着这样的问题，我们对语言区重新进行了思考和审视，发现了语言区存在的一些问题。

（1）语言区的环境封闭、缺少氛围，仅仅只是提供几张阅读的图片和区域标志图，从视觉上看就感到生硬和呆板。

（2）材料混杂。区域中听、说、读、写的材料，给人"一锅煮"的感觉。幼儿也只是看看罢了，不能吸引幼儿主动参与活动。活动材料的单一、不丰富，满足不了幼儿的需求，无法引发幼儿去想、去操作、去交流，从而阻碍了语言区的深入开展。

针对以上的现状，我们对语言区的环境进行有针对性的改造，打破语言区的原有格局，将语言区扩展为听赏区、表演区、阅读区、操作区。尝试通过细化语言区游戏材料，针对听赏类、表演类、操作类、阅读类投放相应的材料，不断地丰富及创新语言区的区域材料。一系列的措施，一方面提高了幼儿进入语言区的兴趣，另一方面也激发了教师的创新思维。

语言区是幼儿语言交流的小社区，幼儿在这里交流、互动、成长，并在此基础上发展至日常生活中的交流，学会倾听、善于表达、喜欢阅读、乐于操作。语言区这一媒介有力促进幼儿语言综合能力的提高。

第七章

小小建筑师

大眼看区域

★娃娃说

建构区有好多小伙伴一起玩，有很多很多的积木、汽车、小动物……我最喜欢搭漂亮的房子给小动物住，有一次我还搭了一栋建在船上的房子呢！我还喜欢搭长长的马路，让小汽车在上面跑来跑去，我喜欢在建构区玩!

★师说

建构区是孩子们最喜爱的区域之一。大大小小的积木，五颜六色的材料，再加上无拘无束的想象，让幼儿能积极地创造出各种造型，高楼、大厦、飞船、火箭等，极大地满足了幼儿对空间的想象与创造。如果说绘画是平面的艺术，那么建构则是立体的艺术。不管是什么，幼儿在想象，在创造，他们沉醉于创作的激情当中，他们拥有成功的快乐，每个幼儿都是天才的小小设计师，小小建筑师。在建构区，过程远比结果更重要，所以，不要拘泥于像和不像，不要过于强调建构的技巧，动起来吧，在合作中体会团队的力量，在游戏中收获更多的快乐!

第一节　建筑王国——环境创设与材料投放

《指南》在前言中指出："珍视游戏和生活的独特价值，创设丰富的教育环境，合理安排一日生活，最大限度地支持和满足幼儿通过直接感知、实际操作和亲身体验获取经验的需要。"一个材料丰富、功能完善的建构区，能强烈吸引幼儿参与到建构活动中，尽情享受建构游戏，从而得到良好的发展。那么如何创设建构区呢？

一、建构区设置原则

（1）建构区应是教室中占地面积最大的区域。

（2）有光滑的地面、铺上地毯。

（3）有适用于孩子规格大小的架子，用于摆放积木和其他辅助材料。

（4）通过地垫或玩具柜划出界线。

（5）离开通道，可靠近角色区。

（6）架子上要有明确的关于积木规格大小之类的标记。

（7）可供幼儿用于表征的纸和笔。

二、宽敞明亮的环境

图 7-1-1　建构区整体图

（一）场地选择

建构游戏是一种活动性、动态性的游戏。幼儿在游戏时，走动较多，产生的音量会较大，因此在设置时尽量不跟安静的区域，如：益智区、图书区在一起。另外，建构游戏的活动范围较大，场地需要较大的面积，因此我们把建构区设立在一个较大又相对独立的空间，能够充分满足幼儿活动的需要。

图 7-1-2　环境整洁

图 7-1-3　摆放整齐的架子

图 7-1-4 多种多样的建构材料

图 7-1-5 宽敞明亮的场地

（二）范围划定

可将建构区域进行范围细分，如：**游戏范围**——划定幼儿游戏的范围，避免幼儿拿了材料就坐在玩具柜边玩，影响他人；**过道意识**——用即时贴贴在地面上留出过道，方便幼儿进出及取放材料，幼儿之间相互影响的情况有了很大改观。当然，也可以采取铺地毯或放地垫等方式来划定游戏范围及过道，同样可以达到较好的效果。

图 7-1-6 用即时贴划定游戏范围

（三）墙面装饰

发挥环境的教育功能，努力做到让环境说话。在建构区的墙面上张贴世界著名建筑物、建构技巧说明的图片和幼儿建构作品的照片，可以给幼儿一些参考或启发。

图 7-1-7 建构作品参考图片 1

图 7-1-8 建构作品参考图片 2

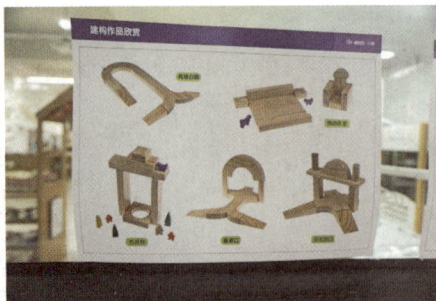

图 7-1-9　建构作品参考图片 3

图 7-1-10　世界著名建筑物图片：凯旋门

图 7-1-11　世界著名建筑物图片：万神殿

图 7-1-12　世界著名建筑物图片：鸟巢

三、丰富多样的材料

材料是幼儿建构经验和认识周围世界的中介和桥梁。广义地讲，很多材料都可以作为建构游戏的材料，如：牙签、砖头、石头等，这些都可以搭建出各异的造型。除此之外，常见的建构材料还有纸板、海绵、泡沫板、卡片、吸管等。随着时代的发展，一些便于操作又安全的材料，如：积木、纸砖等，也倍受幼儿园的青睐。

小班幼儿年龄较小，以具体形象思维为主，可为幼儿提供积木、纸砖、草皮、易拉罐、纸筒等材料，激发幼儿的想象及动手能力；中大班的幼儿有了一定建构技能和建构经验，可以增加一些辅助材料，丰富建构作品及创意。具体材料如下图所示：

各种形状的积木

图 7-1-13　三角形积木

图 7-1-14　长条积木

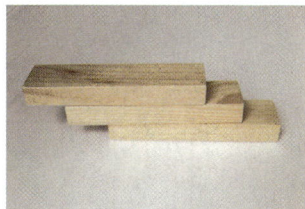

图 7-1-15　大长方形积木

图 7-1-16　半圆拱形积木

图 7-1-17　小方柱积木

图 7-1-18　圆柱体积木

图 7-1-19　三角形立体积木

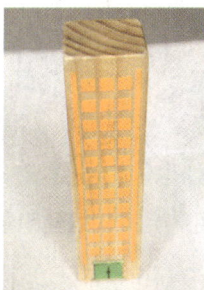

图 7-1-20　橙色高楼积木

图 7-1-21　绿色城堡积木

图 7-1-22　桥形积木

图 7-1-23　小长方形积木

图 7-1-24　半圆积木

各种形状的积塑

图 7-1-25　雪花片积塑

图 7-1-26　太阳花积塑

图 7-1-27　热带鱼积塑

图 7-1-28　水管积塑

图 7-1-29　管道积塑

图 7-1-30　蘑菇积塑

图 7-1-31　雪花片积塑

图 7-1-32　螺丝积塑

图 7-1-33　栏杆积塑

辅助材料

图 7-1-34　木板

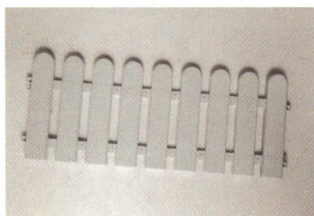

图 7-1-35　围栏

图 7-1-36　易拉罐

图 7-1-37　动物、植物、
　　　　　人偶

图 7-1-38　交通工具

图 7-1-39　纸砖

图 7-1-40　动物公仔

图 7-1-41　动物模型

图 7-1-42　假树

图 7-1-43　交通设施

图 7-1-44　城堡纸砖

图 7-1-45　奶粉罐

图 7-1-46　斜坡

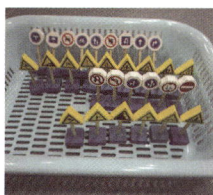

图 7-1-47　交通
　　　　　标志

图 7-1-48
卷轴

图 7-1-49　安全帽

　　材料可从不同角度进行分类：

　　根据**材料的功能**分类，分为主体材料和辅助材料。主体材料是指在建构活动中可以作为主体结构的材料，如积木、易拉罐、纸砖等；辅助材料指在建构活动中起辅助作用的材料，如安全标志、小动物、人物、树木等。

根据**材料的性质**分类，分为成品材料和自然材料。成品材料即现成的，可以直接拿来使用的材料，如积木、纸砖等；自然材料即一些生活中常见的材料，如易拉罐、奶粉罐、小棍子等。

根据**材料的用途**分类，分为低结构材料和高结构材料。低结构材料具有可替代性和可发展性，能为幼儿的创作提供更多想象的空间，增加了建构作品的复杂程度，有利于发散思维、创造能力的培养，如易拉罐、奶粉罐、纸筒、饮料瓶、吸管、纸盒等；高结构材料为建构活动增加了情景性，扩展幼儿的生活经验，满足象征性游戏的需要，如积木、纸砖、塑胶小树、安全标志等。

对幼儿来说，无论何种材料，都是游戏的好伙伴！要鼓励幼儿选择喜欢的材料，大胆创作，搭建出更有创意的作品。

小贴士

建构区可选择的材料很多，但根据幼儿能力的发展和对区域活动的熟悉程度，在材料投放时有以下几点建议：

1. 小班刚开始开展建构活动时，种类不宜过多。可以先以积木、积塑为主，逐渐增加辅助材料，避免建构游戏简单等同于角色游戏。

2. 投放材料的初期每种材料的数量也不宜过多，以便幼儿操作和整理；当幼儿熟悉了区域规则和有一定使用材料的经验后，数量上可以再逐步增加。

四、易于识别的标志

建构区材料种类、数量繁多，如何让幼儿使用方便又便于整理？这是建构区特别需要提前规划和安排的。

（一）积木等大型材料的标志

积木的形状各异，不容易收拾，特别是对于小班幼儿来说，难度更大。我们的做法是剪出跟积木造型一样的平面图形，贴在相对应的空格内。也可以用相机拍下来，用照片做标志。有了明确的标志，幼儿收拾起来又快又整齐！

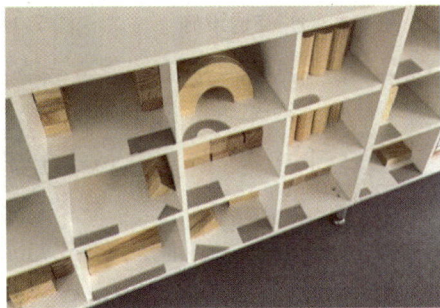

7-1-50　积木标志

（二）辅助材料的标志

辅助材料一般种类多、数量多、零件小，不宜归纳整理，可以用整理箱或塑料筐装好，并在箱或筐的外面贴上标志，再放在柜子内或上面，这样既整齐又方便。

图 7-1-51　辅助材料收纳

图 7-1-52　辅助材料标志

第二节　搭搭乐乐——活动组织与实施

建构区活动开展一般分为三阶段来组织与实施：

一、第一阶段：自由探索，建立规则

案例实录：随意摆弄材料

镜头： 建构区内，几个幼儿正在玩。果果小朋友一会儿拿拿积木，一会儿摆弄摆弄小动物，身边堆了很多材料。过了一会他又拿着三角形积木当手枪，"叭叭叭"，嘴里叫着，假装开枪。区里到处都是玩具，显得很凌乱。

图 7-2-1　随意摆弄材料

分析： 刚开始接触建构区的孩子，面对玩具和材料很有新鲜感。喜欢摆弄，处于对玩具的探索阶段；无商量、互动的游戏，各玩各的；规则意识不够，材料随意摆放，没有归类意识。

组织实施策略:

(一)自由探索

提供给幼儿自由探索的机会,鼓励幼儿去摸摸、去看看,让幼儿拥有充分的时间和空间来探索积木及其他材料。有些幼儿喜欢搭高再弄倒,不断重复,正确看待并理解这种看似"破坏性"的游戏行为,多与他们充分交流,了解他们的想法。同时初期的建构区材料不宜过多,以利于幼儿整理。

(二)建立规则

此阶段也是幼儿建立规则的开始。可以通过集体讨论,共同建立规则,比如"物归原处"、"轻拿轻放"。

1. 物归原处

玩具玩完之后要送回它们的"家",摆放整齐。

规则以图文的方式张贴在建构区入区处,以便提醒幼儿共同遵守。当然,一个游戏规则的建立不是一朝一夕的事,需要老师帮助幼儿不断巩固。如:通过游戏"把玩具送回家",了解各种形状积木的位置,反复练习。每次游戏开始前和结束后都及时提醒,重点是收拾玩具。幼儿年龄小,这些都需要长时间的坚持,才能帮助幼儿养成良好的行为习惯。

图 7-2-2　建构区规则

2. 轻拿轻放

提醒幼儿在游戏时取放材料轻拿轻放,按需取放。

(三)深入引导

随着幼儿对积木熟悉程度的加深,有意识地引导孩子观察积木的形状、大小和轻重上的不同。如:"你看看这是什么形状的"、"这两块积木比较谁大谁小"、"用手掂一掂,谁轻谁重",增强对积木的了解。

二、第二阶段:计划主题,掌握技巧

案例实录:搭房子

镜头:建构区内,浩浩拿着一根细长的积木摆弄着。忽然他高兴地叫起来:"老师,你看我的房子!"原来,浩浩将一个三角形积木立在积木上,当做一座房子。当他松开手时,"屋顶"总是倒下来。老师引导他分析原因,原来底下用的积木太细了！浩浩重新加了一块长方体的积木，"屋顶"稳稳地架在积木上，浩浩开心地笑了！

图 7-2-3　尝试搭建　　图 7-2-4　尝试让屋顶稳固　　图 7-2-5　成功啦！

　　分析：幼儿对建构游戏的兴趣增加了，能够运用已有材料进行组合，拼搭出与生活经验息息相关的作品。但是他们还较缺乏建构技巧，活动前也没有计划性，往往在游戏过程中边建构边产生问题。

组织实施策略：

（一）提前计划

　　引导幼儿从无目的的自由探索转为更加具体化的实施，在进区活动前与幼儿谈话："今天你想搭什么？""你想选用什么材料？""等会儿让我们一起欣赏你的作品好吗？"给予鼓励与期待，让幼儿提前有计划地进行建构活动。

（二）经验累积

　　幼儿的建构是生活经验及想象的再现，可以在平时多欣赏建构作品图片，或者请家长带幼儿了解周边设施的结构，如：停车场、超市等的结构，还可欣赏当地或其他地方有代表性的建筑物，引导幼儿了解其作品的结构，丰富已有经验。

（三）建构技巧

　　建构过程中，老师可适宜介入，引导幼儿掌握一些基本的建构技巧，如垒高、延伸、穿过、架空等。例如："怎样可以将楼建得更高些呢？"引导幼儿练习垒高；又如："怎样才可以保护动物园的动物不跑到外面去呢？"引导幼儿练习围合等。建构技巧可以帮助幼儿更好地完成作品，但切记不要把建构技巧孤立出来专门学习，而是融合在幼儿建构过程中逐步引导。

建构技巧图

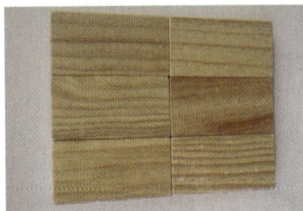

图 7-2-6　平铺

图 7-2-7　延长

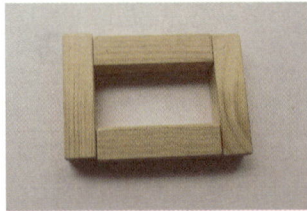

图 7-2-8　围合

图 7-2-9　架空

图 7-2-10　穿过

图 7-2-11　接连式叠高

图 7-2-12　盖顶

三、第三阶段：团队商讨，体验合作

案例实录：摆放交通标志

镜头：建构区内，几个幼儿安静地玩着，有的孩子在忙着搭房子，有的在建公路。喧喧转来转去，不知道要做什么。老师引导喧喧想想：司机在开车时需要注意什么？公路两旁还需要什么？喧喧高兴地去拿了一些交通标志摆在公路上，跟着小朋友一起开起车来。

图 7-2-13　分工合作

分析： 经过一段时间建构游戏的开展，幼儿建构技能有了很大提高，能独立地拼搭出很多造型，规则意识也有很大进步，基本能按照要求整理。但幼儿多数处于各自玩耍的状态，缺乏合作，作品规模较小，幼儿之间的交流也较少。

组织实施策略：

在区域活动时老师有意识地引导幼儿小组合作，培养合作的意识。

（一）共同商讨，确定主题

区域活动开始前，幼儿自主选择进入建构区。老师跟幼儿之间进行简单谈话："谁来担任小组长？小组长带着大家一起商量一下，今天想搭建什么主题。"引导小组共同讨论，达成一致。

图 7-2-14　师幼讨论

（二）协商分工，各有任务

小组长组织大家进行分工，比如谁负责建哪一部分，谁来运材料，谁来进行建构等，各司其职，分工合作。

图 7-2-15　讨论分工

（三）开展游戏，适时介入

游戏过程中老师以观察为主，多记录，给幼儿自由发挥的空间，鼓励幼儿使用多种材料进行建构，在合作中进行游戏。

图 7-2-16　动手操作

（四）分享作品，合影留念

作品完成后请每个幼儿说说自己做了什么，帮助别人做了什么，游戏时有什么困难，怎么解决的。一起分享快乐，一起合影纪念。

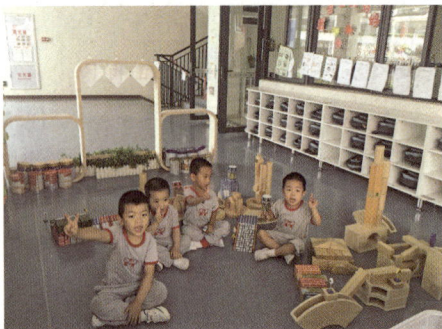

图 7-2-17　分享并合影

第三节 梦想乐园——幼儿发展与收获

在幼儿园区域活动中，幼儿的发展往往不是单一的。通过建构游戏，他们所收获的，不仅是日益娴熟的建构技巧和日趋成熟的建构作品，而且语言表达能力得到锻炼，数学概念得到潜移默化的渗透，艺术表现力明显加强，还发展了科学探究能力，更重要的是，社会交往能力得到极大的发展。

一、语言表达能力

语言表达能力发展途径：

（1）通过区域活动的计划环节，鼓励幼儿大胆表述建构想法：建什么？打算使用什么材料？

（2）操作过程中，引导幼儿说出所选用材料的名称和使用方法，与合作伙伴协商交流。

（3）启发幼儿回顾、描述自己的作品：使用的是什么材料，为其命名，并介绍搭建经验。丰富幼儿的词汇，提升幼儿的语言表达能力。

案例实录：做计划

镜头：区域活动准备开始了，幼儿围坐在教师身边。

"今天谁来做计划呢？点兵点将，点到谁，就是你！"琪琪站了起来。

幼："大家好，我是琪琪，今天我到建构区想搭一辆大汽车，然后去杭州旅游。"

师："你怎么搭汽车呢？"

幼："我用长方形的积木，正方形的积木，再用圆形的积木当方向盘！"

师："深圳到杭州好远哦！"

幼："我和汽车先坐飞机去，然后再在那里开车。"

师："这真是个好主意，到时我到建构区去欣赏你的汽车。"

图 7-3-1　做计划

分析：计划环节是每次区域活动的开始环节。在此环节，幼儿能阐述自己的想法，明确搭建的主题，发挥想象，说出自己开着汽车去旅游的想法，表达很完整。虽然这个环节时间不长，但是对幼儿来说是一个锻炼口语表达能力的好机会，很多幼儿能够流利说出："大家好，我是……，我今天想去……区，搭……"对于小班幼儿来说还是非常不错的。

案例实录：搭城堡

镜头：（建构活动区内）

师："欣欣，你在搭什么？"

幼："我在给小动物们搭一座房子给它们住，尖尖的屋顶、红红的墙，像白雪公主住的城堡一样美丽的房子！"

师："你准备用什么材料来搭呢？"

幼："我用长方形、圆柱形、三角形的积木来搭。"

师："好的，期待看到你的白雪公主的城堡！"

（幼儿拿了各种形状的积木，搭了起来）

幼："这里是窗户，这里是大门，还有这些是围墙，好多小动物都来了，有小兔子，大恐龙，还有我喜欢的长颈鹿，再给它们搭一个床让它们休息！"

师："你真是个有爱心的好孩子！"

图 7-3-2　分享搭建城堡的经验

分析：可以看出该幼儿的表达能力较强，语言能力很出色，能够熟练运用形容词、连接词。老师在活动中可以以建构作品为媒介，与幼儿进行对话，引导幼儿表达自己的想法，运用一些词汇，讲述完整句，从而发展幼儿的表达能力。

案例实录：区域回顾

镜头：区域活动结束了，大家进行区域回顾。轮到典典发言了，他开始讲述起来："我今天到建构区玩了，和亮亮一起搭了个恐龙馆。"说完，他看着老师，老师没有说话，点点头，用信任的眼神鼓励他继续讲。"我先搭了个恐龙馆，有很多恐龙住在里面，然后我怕天气太热，就跟亮亮把上面做屋顶的积木拿走了，再把恐龙拿出来让它们透透气。过了一会，我们又把它们放了进去。"

图 7-3-3　讲述建构区趣事

分析： 区域活动的回顾环节是让幼儿表达的好机会。幼儿可以在集体面前讲述自己在建构区做了什么，怎么做的。最初幼儿往往需要老师不断追问来回忆，在老师的鼓励下，幼儿能连贯完整地表达出来，进步非常明显。

二、数学逻辑能力

数学逻辑能力发展途径：

（1）在取建构材料时，老师可提问引导："你取了几个？需要多少个方形的积木来完成这个作品？你们要如何拆分这些建构材料呢？"

（2）鼓励幼儿探究日常建筑中的样式："你们的栏杆有规律，长的，短的，一直这样延续下去。"

（3）引导幼儿感知空间方位，如：在上面，在下面，在旁边，从中间穿过去，压在下面，里面，放在顶上，等等。

（4）将同一种形状的材料放置在一个柜子里，并贴上标签，写上图形的名称，如：三角形，正方形，长方形，圆柱体等。

案例实录：搭栏杆

镜头： 东东在建构区进行围栏拼搭，他发现了一个拼搭规律，高兴地跑过来告诉老师。"老师，你看，这是我搭的围栏。""哇！东东你搭的围栏很有特点，真漂亮！""老师，我还要告诉你一个小秘密哦。""什么秘密呢？""我搭的是一个长长的围栏，一个圆柱体和一个易拉罐连在一起，全是这样拼搭的。""东东很会想办法，真棒！"东东很开心，告诉完老师，又去将自己的快乐与小伙伴分享！

图 7-3-4　搭建有规律的栏杆

分析： 东东小朋友在拼搭过程中，能发现其搭建的规律，并且灵活使用延长等基本技能。这些技能的获得是通过一段时间的操作与探索逐步获得的，当幼儿获得这些经验并善于与他人分享时，来自其本身的成功感得到提升，日后操作也会更积极。

案例实录：建恐龙馆

镜头：东东来到建构区发现有很多的形状标签，告诉小伙伴这是正方形、三角形、长方形，老师走过去问："你准备用什么形状来搭建作品呢？""我准备用长方形和正方形积木来搭恐龙馆和公路。"说着便拿着积木认真工作起来。作品完成后，他告诉大家这是他搭的恐龙馆，恐龙馆下面是用正方形和长方形积木拼搭起来的，旁边是公路，游客们可以乘坐巴士来恐龙馆观光旅游。

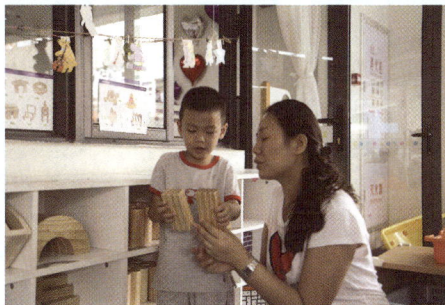

图 7-3-5　建恐龙馆

分析：东东小朋友在玩中学，学中玩，认识各种图形、形状等，并将各种形状的积木进行拼搭，游戏结束时能按照相应的标签将玩具送回。在活动过程中，教师不需过多介入，让幼儿自主探索搭建。当作品出现比较典型的搭建技能，如：搭得很长、很高或围合时，教师可以在分享交流环节让幼儿在集体前介绍，告诉大家自己是怎么搭的，以丰富幼儿的经验，并给予一定的表扬与鼓励，激发幼儿的建构兴趣。

案例实录：动物的家

镜头：然然搭了一个动物的家，她拿出动物玩偶一个个数着。她说老师我用了长方形积木和正方形积木来完成的，这上面是动物们的房顶，下面是门，动物们可以自由出入。这里还有保安亭，保安叔叔们可以保护动物，还可以维护现场的秩序。大家听了然然的介绍，为然然竖起了大拇指，都夸她搭得很不错！

图 7-3-6　点数小动物

分析： 点数1—5是幼儿园小班幼儿需掌握的内容，以往老师都会设计专门的教学活动，帮助幼儿理解。事实上，生活中到处都有学习的机会，像此案例中老师请幼儿点数，就是一个很好的教育契机，在玩的过程中，也理解了初步的数概念和空间概念。

三、艺术表现能力

艺术表现能力发展途径：

（1）欣赏世界上有名的建筑物图片，帮助他们欣赏建筑物的美。

（2）鼓励幼儿在建构活动中大胆进行创造，运用平放、平铺、拼合、拼搭、错位等建构技能，创造出各种造型。

案例实录：搭建小舞台

镜头： 可可和欣欣两个人在建构区商量今天要搭什么，经过一番商讨之后他们决定要搭一个小舞台。她们两个都非常喜欢唱歌跳舞，于是她们利用大块的积木一块一块地拼出来，拼出了一个小舞台。搭好后轮流站在上面当小主持人介绍表演的节目，欣欣说："可可你想唱什么歌，请站到小舞台上来表演，掌声欢迎！"接下来轮到可可主持了，她说："欣欣你要跳什么舞蹈，请到舞台上来吧！"两个孩子开心地表演起来。

图 7-3-7　小舞台

分析： 可可和欣欣通力合作，为自己和其他幼儿搭建了一个小舞台。能在自己搭建的舞台上展示自我才艺，幼儿的荣誉感油然而生。通过建构加表演，让建构区的形式更加丰富而多样，建构的作品更具实用性，幼儿也就更愿意去体验建构活动的乐趣。

案例实录：搭幼儿园

镜头： 芯芯和琪琪来到建构区，开始她们分别把积木一层一层地垒高，并没有想到要搭些什么，过了一会馨馨走过来对她们说："我们来搭幼儿园吧！"两人连忙说："好啊！我们要先搭一些什么呢？"馨馨说："先搭我们的教室好吗？搭几张椅子、桌子，可以坐下来，再搭一张床我们就可以睡觉了。"她们搭好后又搭了跷跷板、滑梯，一边搭一边愉快地玩耍了起来。

图 7-3-8 搭建幼儿园

分析： 通过这个案例可以看出孩子很有创造力，她们利用积木搭建了可以坐的椅子，可以玩的跷跷板、滑滑梯，并且把平时在幼儿园能看到的物品通过想象搭建起来。幼儿建构的过程来源于日常生活经验的积累，生活中多积累相关经验，将对培养幼儿的创造能力起到很好的铺垫作用！

案例实录：生日会

镜头：一群小朋友在建构区搭房子，涵涵、多多和彤彤围在一起把半圆形的积木往一起拼，边拼边说："今天是多多的生日，我们为她做一个蛋糕吧！"拼成圆形后，她们让多多吹蜡烛，一起唱生日歌。歌声吸引了很多小朋友过来，大家都来为多多唱生日歌，还一起"品尝"蛋糕，玩得可开心了！

图 7-3-9　生日会

分析：幼儿发挥想象力，通过建构创设"生日会"的场景，用积木呈现"生日蛋糕"等细节，体现了幼儿日常生活中对细节的关注，说明幼儿的建构表现能力有了一定的积累。在自我建构的情景中进行角色游戏，幼儿的参与性更为积极，更加投入！

四、科学探究能力

科学探究能力发展途径：

（1）通过建构活动让幼儿探索坡道、车轮、滑轮等多种形式的建构技巧，了解其结构。

（2）让幼儿思考和探索如何让一个建筑更牢固。

（3）通过细节引发幼儿的探究欲望，如：物体是如何滑动的？有多重？哪一个站得最稳？

（4）在搭建不同场所时，引导幼儿初步建立分类意识，如：农场，动物园。在不同场所逐步了解不同种类的动物、动物的不同栖息地等生命科学的知识。

案例实录：开小汽车

镜头：博博在建构区拿了一个斜面，把小汽车放到上面，小汽车滑了下来。博博觉得很好玩。但斜面太短了，博博玩得不过瘾，他又拿了个火车轨道，沿着斜面铺在上面，汽车滑了下去，跑远了。博博连续玩了几次后，又去拿了块积木，挡在轨道前，再把车放在斜面上，汽车滑下去，被积木挡住了，没有再跑远。

图 7-3-10　开小汽车

分析：博博在游戏中利用了斜面，让汽车能跑得更快；当他希望汽车不要跑远时，采用一块积木挡住汽车。在不停地探索中，博博了解了"速度"、"阻力"等物理概念。建构区"藏"着很多这样的物理实验，需要幼儿在自主游戏中探索发现。

案例实录：稳固的墙

镜头：建构区里几个幼儿把大纸砖连起来作为围墙，可是围墙稍微碰一下就倒塌，怎么办呢？丁丁看到旁边有很多奶粉罐，这些罐子里面装着沙子，很重。丁丁招呼小朋友把它们靠在围墙两边，果然，围墙变得结实了。

图 7-3-11　让围墙稳固

分析： 如何让材料更坚固不易倒？这是建构活动中经常碰到的科学问题。该案例中的丁丁通过辅助物——奶粉罐来增加物体的稳固性，解决了实际中碰到的问题，说明丁丁已有了相关经验，并运用于实际之中。对于一些缺少经验的幼儿，老师可以引导大家一起讨论和尝试：有什么办法可以让围墙坚固？大家开动脑筋想一想、试一试，看谁的办法好。以此来增强幼儿间的合作交流，鼓励其主动探索发现。

案例实录：给恐龙透气

镜头： 亮亮搭了一个恐龙馆，但看不到里面的恐龙。典典说："亮亮，天气这么热，你的恐龙馆没有窗户也没有门，恐龙会闷死的！"亮亮听了，赶快把屋顶的积木掀开，说："那就让恐龙透透气吧！"说着，又把恐龙一个一个地拿出来。两人高兴地玩了起来。

图 7-3-12　给恐龙透气

分析： 亮亮创作了自己的恐龙馆，典典根据自己已有的生活经验，提醒了亮亮屋子需要有门、窗才能够通风透气，不然可能会被闷死，亮亮接受并加以调整。"空气"、"氧气"等科学知识对于幼儿来说过于深奥，但在游戏中亮亮和典典懂得将生活经验迁移其中。随着生活经验的丰富，他们将逐步了解更具深度和广度的科学知识，老师也可根据情况在集体中导入话题，引发幼儿讨论，提升经验。

五、社会交往能力

社会交往能力发展途径：

（1）为幼儿拍摄建构的照片，供大家欣赏，并提供机会在集体面前分享自己的搭建心得，增强其自信心。

（2）在建构过程中创设适宜的难题，激发幼儿解决问题的潜能，学会与人沟通，解决问题。

（3）鼓励幼儿在建构的过程中与他人进行交流讨论。

案例实录：搭建社区

镜头： 喧喧来到他喜欢的建构区，看到琪琪正在拿积木，走过去说："我跟你一起搭小区吧！"于是便拿起积木开始搭小区。他们认真专注地拼搭，两座小区很快地成型了，但积木也快用完了。这时老师走了过去，称赞他们的小区很漂亮，像皇宫一样，他俩乐了。接着老师指着剩下的积木说：咦！积木快没了，怎么办呀？琪琪说："我等下拆掉，重新搭。"喧喧说："那边还有积木。"他们自己商量了起来。过一会儿老师再去看，发现只剩一座小区，琪琪的房子被拆掉了，两个人正在搭小区周围的围栏和通往小区的道路。

分析： 两位小朋友都有较好的搭建水平，善于观察，也有一定的合作意识。在选择材料时，喧喧提出跟琪琪一起造房子。在老师提出积木快没有时，两人也商量出较好的解决方法，将一座房子拆掉，共同丰富剩下的那座房子周围的建筑。小班幼儿的思维主要是以具体的形象思维为主，他们所接

图 7-3-13　美丽的社区

触的事物也多是生活中常见到的，教师可以根据这一特点及时提供相关的图例或建构作品，丰富幼儿的生活经验，激发幼儿的建构兴趣。

案例实录：搭恐龙馆

镜头： 亮亮和典典来到建构区，首先两个小朋友协商好今天搭建的主题为恐龙馆。两人分工明确，一人负责拿放积木，一人负责拼搭。两个小朋友开心地拼搭着，你一言，我一语。在他们的努力下，恐龙馆很快竣工了。他们叫来小伙伴欣赏他们的作品，并分享他们的搭建经验，两人脸上都露出了自豪的微笑。

图 7-3-14　一起协商　　　　图 7-3-15　分工合作

分析： 亮亮和典典两人能一起商量出本次搭建的作品主题，而且明确分工，一起友好地合作完成作品并和同伴分享。教师要能看到小朋友的这种行为的积极性及其背后所预示的发展契机，鼓励幼儿进一步探索，激发其合作创作的主动性。

案例实录：化解冲突

镜头： 小朋友们在建构区拼搭时兴致很高，三三两两地边设计城堡的样式，边认真地搭着。典典和琪琪合作搭的城堡特别漂亮，乐乐看到了，也想加入他们的小组。但是他没有询问典典和琪琪，而是心急地把自己的积木块直接搭在他们的房子上，典典和琪琪说他不能这样，但是乐乐却任性地继续搭着，于是典典和琪琪就生气了，护住盖了一半的城堡。乐乐够不着，也很着急，急得哭起来。典典和琪琪看到乐乐哭了，心软了，于是安慰他说："别哭了，请你一起来玩吧，但是你不能自己乱搭。"三个幼儿有商有量，又开心地玩起来。

图 7-3-16　发生冲突　　　　图 7-3-17　解决冲突

分析： 其实在建构游戏中幼儿之间很容易发生冲突，有时是因为不小心碰倒了别人的作品，有时是因为都想用同一个材料。每一个冲突都蕴含着教育契机，老师要善于把握，引导幼儿自行处理或者借力引导幼儿解决问题，从而让幼儿在解决问题的过程中学会协商、谦让和合作，促进幼儿的社会性发展。

作品欣赏（小班）

图 7-3-18 游乐场　　图 7-3-19 动物园　　图 7-3-20 我们的家

图 7-3-21 快乐屋　　图 7-3-22 创意围栏　　图 7-3-23 动物馆

图 7-3-24 华新小学　　图 7-3-25 动物世界　　图 7-3-26 动物的家

图 7-3-27　小小火车站

图 7-3-28　奔跑吧，小汽车

图 7-3-29　美丽的城堡

图 7-3-30　动物城堡

结语

　　建构区，是幼儿特别喜欢的区域之一，也是幼儿将生活经验付诸实践的场所之一。充足的游戏时间，充分的游戏场所，让幼儿每天乐此不疲——不断创造，发挥想象，创造属于自己的独特的建构作品。建构活动之所以能够深受幼儿的喜欢，还因为老师对环境的精心设置，对材料的适宜投放，对建构活动的合理组织与实施以及对幼儿行为的持续、细致的观察。

一、环境的设置及材料的投放

　　将建构游戏安排在宽敞、明亮、开放的场地，有利于激发幼儿参与建构的兴趣。材料是幼儿建构经验和认识周围世界的中介和桥梁：主体材料和辅助材料、成品材料和自然材料、低结构材料和高结构材料……都是支持幼儿无限创作的基础。易于辨识、清晰明了的标志，方便幼儿整理并养成良好的整理习惯。

二、建构活动的组织与实施

建构活动中，最终达到幼儿自主探索、自主建构，需要老师的支持、引导与鼓励。通过自由探索、建立规则，计划主题、掌握技巧，团队商讨、体验合作三个步骤，逐步达到幼儿自主探索，合作学习。

三、教师在建构活动中的观察对于幼儿的持续发展发挥至关重要的作用

作为教师，懂得观察幼儿才能更好地支持幼儿。教师要在建构游戏活动之中学会欣赏幼儿、相信幼儿，为幼儿创造适宜的环境，让幼儿自主地开展活动，更以观察者、合作者、支持者的身份适时、适当地介入，从而在游戏中健全幼儿的人格，促进幼儿的全面发展。

建构游戏活动给幼儿带来了无尽的快乐，这种快乐源于丰富多彩的材料、无限创意的玩法，以及共同协作的同伴关系，这也正是建构游戏的魅力所在！建构游戏的目的不是学习建构技巧，也不是建构出漂亮的作品，而是通过建构游戏，让幼儿体验创作的快乐、合作的快乐、成功的快乐！

第八章

区区大事儿

区域活动是指教师根据幼儿的年龄特点，将活动室的空间科学合理地划分为不同的区域，为幼儿提供适宜性的材料，让幼儿自主选择、探索，并在活动区中通过与材料、环境、同伴的充分互动而获得学习与发展的学习活动。它是一日生活的重要环节之一，是幼儿自主学习的主要方式。

第一节　区域活动的环境创设与材料投放

一、区域活动环境创设的整体思考

（一）环境创设的现状问题

幼儿园区域活动的环境创设是幼儿进行区域活动所依存的必要条件，环境创设包括区域空间的划分和场地的设置，也包括提供的操作材料等物的因素，教师根据幼儿的不同年龄阶段、个性特点、教育目的等来创设区域内的环境。换言之，区域活动就是对区域环境的创设和区域环境的利用，这其中隐含着教师与幼儿的互动，幼儿与幼儿之间的互动，以及区域与区域之间的互动等。

区域环境根据不同性质分为不同类型，即：①基本区域，如：角色游戏区、语言区、建构区、科学区、美工区等。②特色区域，即具有地域特色或园本特色的区域活动。③主题区域，即根据不同的主题活动创设针对性的区域环境。本书研究的以基本区域为主，以及由基本区域所延伸的区域，这也是大多数幼儿园都会创设的区域活动类型。

正如蒙台梭利所言，我们要创设"有准备的环境"，为幼儿的自主学习提供准备。但目前大多数幼儿园在环境创设过程中只聚焦在"设置什么区域，投放多少材料"等层面，忽略了区域活动环境、所投放的材料与幼儿之间的互动，尤其是教师与幼儿、幼儿与同伴之间的互动在环境创设上体现不明显。如何通过区域环境的创设，为教师与幼儿、幼儿与幼儿之间的互动搭建平台？如何使教师通过对幼儿区域活动的观察进一步推进幼儿自主学习的发展？如何透过区域活动有效地与小组活动、项目合作学习相融合……这些都是我们在环境创设过程中需要考虑的问题。

另外，有些幼儿园的区域环境操作空间单一，游戏区域聚在以桌面为主的操作环境中，幼儿仅仅是被动重复地进行教师预先设计好的活动，丧失了主动性、创造性，限制了幼儿的自主探索及自由游戏；有些幼儿园由教师安排幼儿每天的操作区域，幼儿完全没有自主选择权或限制了选择权，这样大大降低了幼儿参与区域活动的积极性，根本不能满足幼儿兴趣的需要和自主探索的经验的积累；而有的幼儿园又过分强调幼儿的个性差异，以满足幼儿的个性发展，使幼儿在区域活动中过度自由散漫，等同于家庭中简单地摆弄玩具。针对这些问题，我们在此书中呈现了区域活动的实践过程及一些思考与建议。

（二）环境创设的原则共性

（1）空间满足幼儿活动的需要，设置基本区域（建构区、美工区、语言区、角色区、科学区）。

（2）满足大组、小组、幼儿个别学习的需要。

（3）灵活调整和轮流设立不同的区域，动静分开，避免区域之间的相互干扰。

（4）考虑方便幼儿活动进出，幼儿在教师视线范围内活动。

（5）区域有相应的区域标识及区域规则。

（6）活动区的设计要符合幼儿年龄特征，具有吸引力。

二、区域活动环境创设的整体布局

（一）环境创设的整体规划

（1）要尽可能充分利用室内外地面、墙面、空间等，尽可能多地为幼儿提供知识或信息刺激，提高幼儿的无意识学习能力。

（2）有效利用可以利用的每一个空间，如阳台、楼梯、走廊、桌面、窗台等，做到动静交替。

（3）物品归类利用标记提示，从小培养物品归位的好习惯。

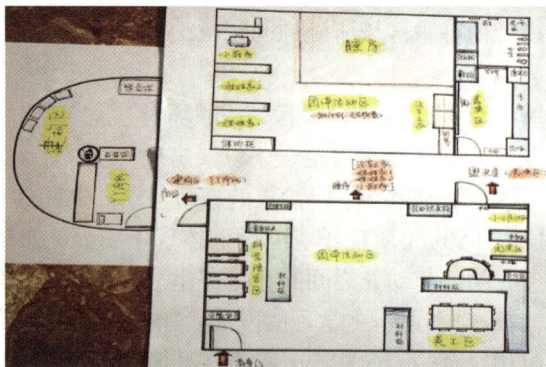

图 8-1-1　班级区域创设整体规划图

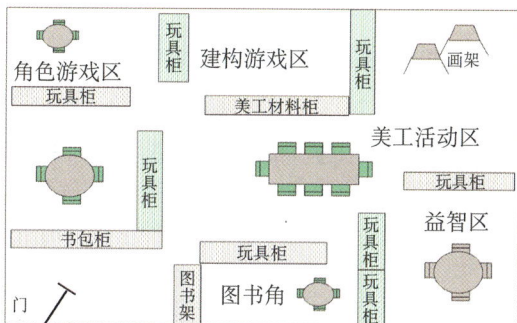

图 8-1-2　相对封闭式课室图

（二）各区域环境创设概述

1. 生活区

锻炼幼儿的生活能力与自理能力，通过真实材料的操作锻炼幼儿手、脚、眼、耳的协调能力。生活区的布置要具有温馨感和可操作性，还需靠近水源，方便幼儿操作。提供真实的、生活的材料供幼儿操作，围裙、手套等生活辅助用品也要提供，可以离表演区、建构区等动态区较近。

2. 木工区

为幼儿提供一个宽松、自由的环境；提供给幼儿思考、动手操作、与同伴互动交往的机会，使幼儿在活动中能够积极主动地发挥其想象力、创造力，有效促进幼儿综合能力的提升。木工区较适合中大班开展，要有相对独立的空间，尽量避免干扰教室中其他区域的活动的开展。提供真实的工具、材料供幼儿操作。木工活动相对有一定的危险性，要有必要的保护装备，如：手套、头盔等，相对危险的物品放置时需有防范装置。

3. 角色游戏区

强调角色扮演，幼儿通过扮演相应的角色，获取语言能力、交往能力、自我认知能力等。角色区的环境创设根据幼儿的不同年龄阶段分为不同的主题，小班的娃娃家可以适当多一些；中大班可以增加一些情景性的角色区，如：餐厅、理发店等。

4. 美工区

美工区是一个让幼儿感受美、表现美的小天地。美工区为幼儿的游戏、学习与创作提供适当的环境和条件，从光源、水源、抗干扰性、空间范围等几方面考虑，努力营造良好的艺术氛围，使幼儿通过玩色、绘画、手工、欣赏等活动，在宽松、愉快的环境中尽情发挥创造性思维，发掘他们的创造潜能，创造性地表达自己的情感与认识，从而塑造幼儿的审美能力。

5.科学区

充分调动幼儿探索欲望和动手兴趣的一个自主学习场所，有着丰富的操作材料，在操作中注重过程而不是实验的结果，通过"发现→操作→观察→新发现"的循环过程让幼儿体验自主探索的乐趣，提升"发现问题—探索问题—解决问题"的能力。科学区放置的材料要便于幼儿取放和探索，还可以饲养某些活的生物，如：小动物、植物等，并提供一些与主题或科学问题相关的书和杂志。

6.语言区

创造一个让幼儿语言能力不断运用发展的环境，使幼儿想说、敢说、喜欢说、有机会说，在宽松的氛围中体会语言带来的快乐。语言区要设置在较为安静的区域，光线充足，提供促进幼儿听、说、读、写等能力发展的材料。适合幼儿年龄又足够丰富的书籍，是语言区必备的主要材料之一。可提供柔软的地面或小沙发供幼儿自由阅读。

7.建构区

通过积木和其他辅助材料，培养幼儿对形状、形体、建筑、空间等的感知、运用，通过建构、搭建等手段让幼儿对空间概念有更加具象化的认知。建构区的设置应是教室中占地面积较大的区域，有光滑的地面并铺上地毯，适宜幼儿摆放积木和其他材料。

三、区域活动材料投放的优化策略

《纲要》指出，幼儿园的空间设施、活动材料和常规要求等应有利于引发、支持幼儿与周围环境之间积极的相互作用。材料作为区域活动的重要组成部分，能在最大程度上引起幼儿的兴趣。因此，为不同年龄阶段、个性特征的幼儿提供丰富多变、适宜其使用的活动材料至关重要。幼儿可在区域活动中通过自主选择、操作、摆弄，与材料之间产生互动，发展其各项能力。

首先，区域材料的投放要具适宜性。投放适宜的材料，可明显提高区域活动的实际效果，这就要对活动材料的种类、数量、外在特征和可转换性等进行精心设计和安排，使活动材料形象又生动，且丰富多彩，并在区域中适宜地呈现出来。

其次，区域材料的投放要具层次性。幼儿园小中大班的幼儿处于不同的年龄阶段，其身心发展水平也不尽相同。因此，我们要根据不同年龄阶段的幼儿特征，投放不同层次的活动材料，做到有针对性和有计划性。

最后，区域活动材料的投放要具延伸性。真正要做到幼儿与材料的互动，投放的材料要具有延伸性、可转换性、持久性。材料本身就隐含着一定的教育目的及意义，幼儿通过材料无意识地学习相关经验，从而达到一定的活动目标。

第二节　区域活动的组织与实施

一、区域活动四部曲

针对区域活动存在的诸多问题，我园在借鉴"高瞻课程"理论的基础上，形成了具有我园特色的区域活动四部曲，即：选择环节—操作环节—整理环节—提升环节，真正做到让幼儿自主选择、自由探索、合作整理、发展提升。

（一）选择环节

选择环节主要包括挂牌和循环表达两大内容。在此环节中幼儿计划并表达出他们在操作环节中想要去的区域以及想要做的事情。

1. 步骤

（1）准备好磁性板、幼儿的照片。

（2）幼儿熟悉区域名称和部分材料。

（3）将幼儿的总数按在园天数分成5组，并标识清楚。

（4）表达计划时，幼儿席地围坐在老师周围。

图 8-2-1　计划板

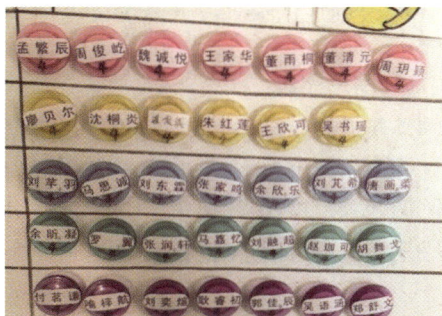

图 8-2-2　幼儿分组图

2. 组织及实施

（1）挂牌：优先计划小组在餐前选择区域挂牌戴手环（或其他特殊标记以示其为今日优先计划小组），其余幼儿餐后陆续挂牌。

注：优先计划小组是指教师将幼儿总人数平均分成五组（周一至周五），每天重点关注和观察的对象。

红色牌：周一优先计划小组幼儿。

黄色牌：周二优先计划小组幼儿。

蓝色牌：周三优先计划小组幼儿。

绿色牌：周四优先计划小组幼儿。

紫色牌：周五优先计划小组幼儿。

不同的计划牌体现了不同年龄段的不同要求，小班以图为主，中班图文并茂，大班以文字为主。如下图：

图 8-2-3　小班计划板　图 8-2-4　中班计划板　　　图 8-2-5　大班计划板

（2）循环表达：在区域活动之前，师生一起讨论制订工作计划，幼儿轮流表达自己要去哪里，做什么，怎么做。小中班的幼儿分成若干小组，由班级的几位教师分别带领一组幼儿，在不同场地同时进行计划分享。（注意分组场地要有一定的距离，避免每个小组之间互相影响）

（3）鼓励幼儿主动思考并表达他们自己关于活动的想法，可以对幼儿的想法做出回应、给出建议。

（4）教师会鼓励不同年龄段的幼儿用不同的方式做计划。

小班：具体问题。"要去什么区？做什么？"

中班：站姿、习惯的要求。"要去什么区？做什么？怎么做？"

大班：开放性问题，对语言表达完整性提高要求。"你是怎么打算的？"

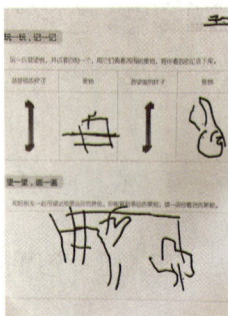

图 8-2-6　绘画方式记录　　　图 8-2-7　打钩方式记录

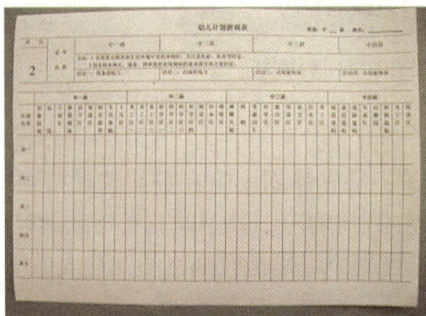

3. 教师在选择环节中的角色

材料准备者：准备手环（用于优先计划小组）、不同年龄的区域选择板、区域记录本。

组织分享者：不同年龄的幼儿运用不同的引导方式。

观察者：关注幼儿做记录和挂牌情况。

（二）操作环节

主要是幼儿自主操作，这是区域活动中的核心部分，也是区域活动中最长的一段时间。

1. 组织与实施

- 个体自主活动

（1）幼儿进入区域执行最开始的计划，可以在任何区域选择任何材料进行操作。教师科学合理地创设活动区，各活动区域都贴有相应的标识。每个年龄段的区域标识都有不同的特点。

小班的区域标识以实物照片的方式呈现。

图 8-2-8　小班区域标识

中班的区域标识以图片和符号相结合的方式呈现。

图 8-2-9　中班区域标识

大班的区域标识以符号和文字相结合的方式呈现。

图 8-2-10　大班区域标识

（2）提供开放性的、可操作性的、适宜的操作材料，高结构的材料还配有操作指引，以便幼儿自主探索。小班的操作指引重在收放习惯的培养；中大班的操作注重自主探索，一些操作难度大的材料可借助系列步骤图引导幼儿操作，尽量减少教师的干预与指导。

幼儿自主操作：

图 8-2-11　师生互动　　　　图 8-2-12　幼儿间互动　　　图 8-2-13　幼儿自主操作

（3）在自主操作期间，允许幼儿中途换区，支持幼儿的选择。

（4）教师观察幼儿在操作中的表现，记录优先计划小组的活动情况，同时用照片或记录表格的形式做好观察记录，作为后续的指导依据。在必要时加入到幼儿的活动之中并与幼儿交流，帮助幼儿解决当前的问题和困难。

教师观察记录：

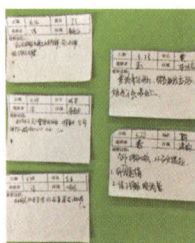

图 8-2-14　教师观察记录 1　　　　图 8-2-15　教师观察记录 2

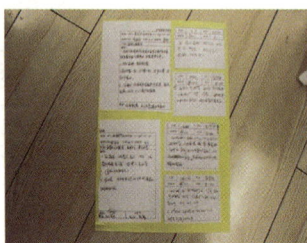

● 循环小组活动

教师根据幼儿发展水平、教育内容、材料的不同，将幼儿分成小组进行活动。在活动过程中，教师和幼儿以及幼儿与幼儿在小组里一起操作、探索、讨论、合作、钻研问题以及总结，获得必要的知识经验和能力。

注：循环小组一般是6—8人，教学内容一般是以一周为一个循环，完成循环小组任务后，幼儿就自选区域操作。

2. 教师在操作环节的角色

观察者：教师分工观察不同区域的幼儿操作情况。

记录者：记录优先计划小组的操作情况，作为评价幼儿发展的依据。

适时引导者：适时帮助幼儿提升，适时引导正确行为，适时解决幼儿之间的冲突。

（三）整理环节

幼儿将材料和工具分类、整理、归位并把还没有完成的工作收拾好。整理环节包括自主整理、合作整理、师生共同整理。

1. 组织与实施

（1）距离操作结束5分钟时，用音乐或预铃的方式提示幼儿。

（2）各区域幼儿会按照本区域材料标识把材料进行分类摆放，物归原处。合作区域的幼儿则会相互协商，分工合作。

（3）小班幼儿在教师的协助下整理材料，中大班的幼儿基本自主整理或与同伴共同合作整理。

图 8-2-16　教师协助整理　　图 8-2-17　幼儿自主整理　　图 8-2-18　同伴合作整理

2. 教师在整理环节的角色

协助者：协助小年龄的幼儿一起整理。

鼓励者：鼓励中班幼儿自己整理，提供合作机会让大班幼儿尝试合作整理。

（四）提升环节

提升环节是区域活动的最后一个环节，是幼儿对区域经历或者已经实现的事情进行回忆、重现活动的过程。

1.组织与实施

（1）优先计划小组可以通过语言、动作、作品展示等多种方式来描述他们在区域时间内所做的事情。

（2）鼓励幼儿之间相互补充、自主表达、讨论和交流。

（3）教师通过照片、视频和幼儿的记录表等方式，并以追问的手段来激发幼儿的持续性思维，鼓励幼儿完整表达，尝试解释并拓展幼儿所做所说，帮助幼儿重整、提升活动经验。

幼儿回顾，教师提升：

图 8-2-19　教师组织回顾　　　图 8-2-20　同伴一起回顾　　　图 8-2-21　小组式回顾

2.教师在提升环节的角色

回顾组织者：小班幼儿在轻松氛围下，以照片或实物形式进行回顾。"你今天和谁一起玩？"中大班在遵守必要常规下，以照片或口述的形式进行回顾。中班："你认识了哪些朋友？你们玩了什么？"大班："你们是怎样合作的？"

经验提升者：敏锐觉察孩子的最近发展区加以引导，大班孩子可以自主讨论问题解决方案。

表 8-2-1　区域活动四部曲组织实施表

环节	选择（10分钟左右）	操作（45分钟左右）	整理（5分钟左右）	提升（10分钟左右）
说明	选择环节主要包括挂牌和循环表达两大内容。此环节，幼儿计划出他们在操作环节想要做的事情	这是活动中的核心部分，也是活动中时间最长的一个部分。幼儿进入区域执行最开始的计划，幼儿可以在任何区域选择任何材料进行操作	幼儿将材料和工具分类、整理、归位并把还没有完成的工作收拾好。包括自主整理、合作整理、师生共同整理。培养幼儿物归原处的良好习惯	这是区域活动的最后一个环节，是幼儿对已经经历或者已经实现的事情进行回忆、重现活动的过程

环节	选择（10分钟左右）	操作（45分钟左右）	整理（5分钟左右）	提升（10分钟左右）
组织与实施	第一，挂牌：优先计划小组在餐前选择区域挂牌戴手环，其余幼儿餐后陆续挂牌。幼儿在此环节中可选择自己想去的区域。 第二，循环表达：在操作活动之前，师生围坐在一起讨论计划，优先计划小组依次表达自己要去哪里，做什么，怎么做。鼓励幼儿主动思考并表达他们自己关于操作活动的想法，教师可以对幼儿的想法做出回应、给出建议	第一，教师科学合理地创设活动区，各活动区域的材料与投放位置都贴有相应的标识： *小班的区域标识以实物照片的方式呈现； *中班的区域标识以图片和符号相结合的方式呈现； *大班的区域标识以符号和文字相结合的方式呈现。 第二，提供开放性的、可操作性的、适宜的操作材料，高结构的材料还配有操作指引，以便幼儿能按照步骤图来操作，自主探索。 第三，在自主操作期间，允许幼儿中途换区，支持幼儿的选择。 第四，教师观察孩子在操作中的表现，记录优先计划小组的活动情况，同时用照片或文字记录的形式做好观察记录，作为后续的指导依据。在必要时加入到幼儿的活动之中并与幼儿交流，帮助幼儿解决当前的问题和困难	第一，距离操作结束5分钟时，用音乐或预铃的方式提示幼儿。较为复杂的材料幼儿可先收拾。 第二，各区域幼儿会按照本区域材料标识把材料进行分类摆放，物归原处。合作区域的幼儿则相互协商，共同完成。 第三，给每个人提供展示空间展示自己的作品，建构区的作品也可通过照片的形式呈现，如果不影响其他活动开展，建构作品可以保留供幼儿间互相学习	第一，优先计划小组可在照片、视频或自己的记录表等方式的指引下，通过语言、动作、作品展示等多种方式来描述他们在操作时间内所做的事情。 第二，鼓励幼儿之间相互补充、自主表达、讨论和交流。 第三，教师通过追问的方式来激发幼儿的持续性思维，鼓励幼儿完整表达，尝试解释并拓展幼儿所做所说，帮助幼儿重整、提升活动经验

二、区域活动的观察反思与深化

（一）幼儿行为问题的反思与调整

在区域活动中，幼儿会产生一些不良行为或相互之间的冲突，教师作为观察引导者，要及时发现这些行为，并分析可能产生此行为的原因，并对相应环境做出调整。下面就列举了在区域活动中的一些常见问题。

1. 在教室里奔跑

可能产生的原因：开放式的空间太多，没将教室划分出较小的空间，各活动区的划分不是很明确。

环境调整策略：用架子或家具对空间进行区分，避免可以让幼儿跑来跑去的开放空间。

2. 抢玩具

可能产生的原因：幼儿喜欢的玩具常常都只有一件。

环境调整策略：小班可同一种玩具多准备几份，中大班可让幼儿知道何时会轮到他（例:用闹钟或沙漏计时，或将排队等待幼儿的姓名列表显示）。

3. 到处闲逛不知道要做什么

可能产生的原因：教室太凌乱了，有些选择不明确；投放的材料不能吸引幼儿操作；没有足够的活动让他们去选择。

环境调整策略：将脏乱的东西丢弃，将教室和材料安排得简单、清爽些；投放的材料能激发幼儿操作的兴趣；增加更多的活动选择。

4. 总是影响别人的工作空间

可能产生的原因：空间有限，再加上线路规划不良，使幼儿无法尽情施展。

环境调整策略：将幼儿的工作区域划分出来（如利用垫子托盘等）；一次只开放几个区域，使每个活动区有大一点的空间。

5. 不正确使用材料，也不肯收拾

可能产生的原因：架上的材料很乱，材料的陈列没有规则，幼儿不清楚如何使用材料。

环境调整策略：给每样东西一个特定的位置来安放，利用照片来标明材料放置的位置，持续指导幼儿做好收拾、整理工作。

（二）针对不同类型幼儿的指导策略

每个幼儿都是独立的个体，由于基因、成长环境、家庭等原因，幼儿的性格特征也各不相同，在区域回顾提升环节，我们应根据不同幼儿的不同性格，来做出相应的指导。

1. 沉默型

典型表现：教师问一句答一句，或者根本不回答。

指导策略：教师采用封闭式问题循序渐进地发问，如：你今天去了哪个区域？

玩了什么游戏，和谁一起玩？喜欢和他一起玩吗？为什么？说说你是怎么玩的？在听完幼儿分享后，给予肯定，告诉幼儿：听了你的分享，我很快乐！（鼓励幼儿）。

2. 腼腆型

典型表现： 比较害羞，不敢直视其他幼儿，声音较小，但是在老师鼓励下能够较完整表达清楚。

指导策略： ①提问：能和小朋友一起分享一下分区的快乐吗？（制造轻松环境让孩子回顾）②鼓励：教师鼓励幼儿，鼓励方式：

A. 语言：我看到你刚刚玩得很开心，都忍不住想加入你的游戏了，能跟小朋友说说你刚刚玩了什么游戏吗？今天去了……

B. 身体：轻轻环抱幼儿、手拉着幼儿的手等，在幼儿回顾时要有眼神交流，及时给予肯定，告诉幼儿：听了你的分享，我很快乐！（鼓励幼儿）

3. 话唠型

典型表现： 敢于表达，一般想到什么就说什么，表达内容缺少条理性。在教师不去打断的情况下自己能够一直说不停。

指导策略： 首先，幼儿自己说，老师边听边提炼语言重点，点头给予回应，听到不明白的地方及时发问，如遇到幼儿反复重复语句时帮助幼儿提炼句义——你的意思是：××××××，碰到小朋友感兴趣的地方可与小朋友互动。

其次，针对这类孩子，教师发问要讲究技巧。首先要想办法避免孩子天马行空回顾，老师可先锁定回顾重点，利用照片或者直接出示幼儿操作玩具来提醒幼儿回顾。照片导入：看到照片中的你在做××，和大家说说，你为什么要这么玩呀？实物导入：刚刚看到你在玩这个玩具，说说看，你是怎么玩的？发现了什么秘密？再者，老师可选择用语言直接提示幼儿，但是要讲究发问方式，尽量缩小问题范围，如刚刚看到你和××在区域里玩了××的游戏，你选择用××做游戏，说说看，你为什么要这么玩？

4. 健忘型

典型表现： 很快忘记自己刚刚做的事情，需一步一步提醒，可能不会按照自己的计划做事。

指导策略： 首先，教师可利用照片帮助幼儿回忆刚刚的游戏，或者用语言提醒幼儿。其次，实在想不起来，老师可拿出幼儿刚刚操作的玩具，与孩子进行情景表演，呈现情景，帮助幼儿记忆。

第三节　不同年龄段的区域组织形式

区域活动的组织基本有以上四个步骤，但是针对幼儿不同的年龄特征，不同年龄段的幼儿区域的组织形式也会有不同的体现:小班——以班级自主区域活动为主;中班——以年级混班区域为主;大班——在保持班级区域活动的同时，延伸户外混龄区域。

一、小班:以班级自主区域活动为主

小班幼儿刚刚进入新的环境，在经历一个情绪情感适应期后，班级自主区域活动深受幼儿喜爱。针对小班幼儿年龄特征，班级区域的布置应温馨、小而精致，让幼儿自主选择与操作，以满足幼儿自我探索的需要。

图 8-3-1　小班幼儿区域操作 1　　　图 8-3-2　小班幼儿区域操作 2

二、中班:以同年级混班分区为主

混班区域共同游戏是指打破班级界限，将两个或两个以上的班级活动室科学合理地划分为不同的区域，提供适宜的材料，让幼儿自主选择、探索、操作，通过与材料、环境、同伴的互动获得学习与发展的活动。

(一)混班区域活动的必要性

4—5岁幼儿在区域活动中的自主性日渐发展，有了比较明显的自主意识。从对活动材料的使用到对游戏同伴的选择，从活动玩法的确定到游戏纠纷的解决，幼儿都表现出了比较鲜明的自主意识和自主决策的能力。混班区域活动为幼儿提供一个接近真实社会的生活环境，促使幼儿不断地适应与接受新角色，从而为促进幼儿社会交往能力提供了良好的发展契机。

混班区域活动通过融合各班级区域资源，使材料的使用最大化综合，让幼儿在更广泛的空间进行探究和操作，对提高幼儿的主动学习能力意义非凡。同时发挥年级教师的集体智慧，集思广益，也更好地促进教师之间的团队协作，整合教师资源。

（二）混班游戏的环境创设原则

1. 环境中"分"与"合"的统整

（1）环境布置的"分"与"合"："分"即分班设置不同区域；"合"即相同区域内容的资源整合。在年级组的统筹安排下，各班教师根据自身专业优势、兴趣与经验积累，以及本班幼儿的特点和兴趣合理设置特色区域，例如：有的班级设置角色区，有的班级设置科学、数学区。这样调整后，使全年级四个班的区域资源得以集中，从而使该区域的材料得以细分，内容更加丰富，活动更有特色。如：中四班是以建构为特色的，设立了大型建构区、地面建构区、小型建构区、桌面建构区等，大大满足不同幼儿的发展需要。区域环境在分与合的统整下，更加富有内涵和凸显特色。

（2）教师人员的"分"与"合"："分"即原班教师分到不同的班级；"合"即不同班级的教师进行新的组合。为了保证幼儿到达任何一个班都能找到自己本班的老师，营造心理安全氛围，进行混班分区活动的时候各班留下班主任，副班和保育老师分散到其他各班，形成新的组合。这个新的组合每周要定期交流区域活动情况，及时改善区域环境和材料，调整人员分工，发挥团结合作的精神，使班级之间联系更密切，形成共同聚焦的教育论点，提升4—5岁儿童混班区域共同游戏的研究水平。

表 8-3-1　教师在混班区域活动中的分配

班级区域	临时班主任	副班主任	助教	保育老师
中一班区域	1 A	4 B	2 C	3 D
中二班区域	2 A	1 B	3 C	4 D
中三班区域	3 A	2 B	4 C	1 D
中四班区域	4 A	3 B	1 C	2 D

备注：
1—中一班　2—中二班　3—中三班　4—中四班
A—班主任　B—副班主任　C—副班主任　D—保育老师
临时组合确保有原有每个班级的一位老师，且有不同岗位的老师

2. 材料中"质"与"量"的权衡

区域材料的投放是混班分区活动的关键。材料是幼儿学习的载体，是混龄区

域活动目标得以实现的前提。幼儿在操作中增加经验，增长智慧。活动材料的特性及使用规则，决定着幼儿可能获得的学习经验。区域材料的投放，应以幼儿的兴趣和积极行为的产生为依据，从数量、质量、结构化程度等多方面综合考虑。中班幼儿的合作游戏开始发展，在材料上要注意合作性材料的提供，以促进幼儿的积极交往，对发展其社会交往能力和情感体验有着十分重要的作用。

另外，中班还要提供补充性的低结构材料，重视高低结构材料的搭配比例。

以低结构材料为主的区域有美工区、建构区。以高结构材料为主的区域有科学区、数学区。科学区需要购买更多成品材料，因为科学讲究精准，替代物品无法满足探索需求，影响了幼儿选择材料的频率与进区的积极性。

角色区的材料要达到帮助幼儿带入生活经验的效果，因此提供材料讲究高低结构混搭、真假混搭，例如：银行的招牌用真实银行的招牌图案喷绘而成，餐厅里的面条是用纸片、橡皮泥等物品替代操作。

3. 计划板中"大"与"小"的秘密

每个班都有自己的计划板，计划板上有年级共同的"大"秘密：计划板的名称、大小、格式统一。如：计划板上半部分是区域的名称及进区人数，特色区域放在最前面；下半部分是每天优先计划小组的名单。每个计划板上都标明了班级名称，计划板背面挂有手环，重点优先计划小组戴上手环，以便老师对重点关注小组成员辨认并进行观察记录。计划板的"小"秘密是，各班可在板上进行操作以调控区域人数，例如：某班的某区域因为调整临时关闭，只需在相应的位置贴上封条即可。

图 8-3-3　计划板

图 8-3-4　手环

4. 活动开展中"快"与"慢"的节奏

活动开始初期，幼儿从熟悉本班环境材料到熟悉全年级环境材料，需要至少两个月的适应期。我们按照以下的节奏来开展。第一周，在本班熟悉本班的材料和环境；第二至四周，全班交换到其他班级熟悉材料和环境，每班一周；第五至八周，从两个班混班到三个班混班，从定向混班到不定向混班，最终实现幼儿完全自主选择，达到自由自主的混班游戏状态。

（三）教师在混班活动中的作用

教师对幼儿区域游戏的引导和介入非常重要，尤其是混班共同游戏的时候，一方面教师在活动前应向他们提出交往的要求，使他们从无意识的交流逐步转向有意识的交流；另一方面应引导他们向同伴介绍自己的活动经验和发现的同时还能够激发他们共同兴趣。教师应注意及时地解决他们在活动过程中出现的问题，以推动他们游戏和交往的顺利进行。4—5岁幼儿在混班区域活动中会遇到各种困难，多数会直接向老师求助，缺乏独立解决问题的意识和能力。为此教师应当重点培养幼儿解决问题的意识，注意观察与引导幼儿逐步尝试自我解决问题。

（四）混班区域共同游戏的组织与指导流程

混班区域共同游戏由"选择环节，操作环节，整理环节，回顾环节"四个环节组成（同区域活动的四环节）。

三、大班：年级混班与户外混龄相结合

班级继续保留两个区域为年级混班区域，其他区域为班级自主区域，并增设户外混龄角色游戏——角色游戏一条街。

在大班，角色游戏区已基本退出区域活动，或者形同虚设。即便是开设了，一个区域四五个人，互动较少，区域活动时间有限，时间一到，戛然而止，孩子们意犹未尽。基于此我们大胆尝试，进行户外混龄角色游戏。

大班幼儿自主意识强，善于交往，能独立解决问题，只要解决了时间、空间上的客观因素，积极为大班幼儿创造条件，选择与各领域相互渗透、有价值的游戏主题，那我们就能极大满足并提升幼儿成长的需要。

"角色游戏一条街"就是在此思考下诞生的产物，它可谓是一举多得的好方法。通俗地说，就是在同一时间在户外同一地点，各班（大班）同时开放三四个"小商铺"，幼儿自主选择角色，打破班级界限相互互动游戏。我们定在每周五的上午，确保两个小时，每个班开设三四个"区域"，一条街上就有十几个"商铺"：小区、照相馆、披萨店、天天剧场、银行、医院、餐馆、休闲吧、玩具店、服装店、赛车场等。每到周五，这条街便热闹非凡，在幼儿的积极参与和教师的有效支持推动下，游戏情境越来越丰富，孩子们玩得越来越自如。

角色游戏是幼儿最为喜欢、最容易接受并主动获得发展的一种活动。户外混龄角色游戏促进幼儿在角色游戏中能积极回忆已有的认知经验，在想象的环境里

扮演角色，用语言和动作模拟真实生活，以游戏材料代替真实物品，从而锻炼孩子开动脑筋解决问题的能力，使幼儿的想象力、语言能力和交往能力得到很好的发展。

图 8-3-5　剧场

图 8-3-6　影楼

图 8-3-7　餐厅

图 8-3-8　医院

图 8-3-9　美发屋

图 8-3-10　披萨店

图 8-3-11　工地

皮亚杰提出：学习是幼儿与环境材料或人互动的过程；学习是幼儿自主建构、完善图式的过程[1]。区域化的学习方式符合幼儿年龄特征，它为幼儿提供了自主选择、建构图式的机会。

---

① 黄俐.当前幼儿园区域活动开展中存在的问题及解决策略.学前教育研究，2014，04.

爱利克·埃里克森（Erik Erikson）提出：3—5岁幼儿的主要任务是发展主动感，克服内疚感；营造一种鼓励幼儿探索、追求兴趣的教室环境。区域化的学习方式为幼儿提供了自主探索、独立做事、解决问题的机会[①]。

区域活动就是为幼儿提供直接感知、实际操作、亲身体验获得经验的需要。最大程度满足幼儿自主发现、自主探索、自我提升与发展的需要，获得幼儿的喜爱、家长的认可、教师的提升！

[①] 黄俐．当前幼儿园区域活动开展中存在的问题及解决策略．学前教育研究，2014，04.

后 记

　　孩子的世界，充满其特有的色彩格调，那里透亮纯净，纤尘不染，越接近，就越能感受到孩子带给这个世界的美。

　　作为幼教工作者，我常常会想，该如何呵护孩子内心的这块净土，激发他们无限的可能性。在孩子的教育上，我们倡导"孩子参与"、"孩子决定"，将孩子当成独立的个体来对待，做到平等沟通，给予他们简单快乐、自由开放的成长空间，让他们在成长道路上顺利前行。

　　这大概也是我们勤勤恳恳工作在这个岗位上最大的动力吧！

　　书稿终于在大家的共同努力下完成了。整个漫长的夏季，老师们一遍遍修改润色，一次次探讨提升，在相互借鉴中不断完善每个章节的内容。这是个艰苦的过程，也是学习成长的过程。期间几经惶惑，几度搁浅，又再三翻检。诚然，我们做不到至善至美，却尽己所能。这本书凝聚着老师们的心血，也承载着我们最大的心愿，我们愿意将实验幼儿园多年来的区域活动经验与广大幼教工作者们分享。每一个小小的区域，就是一个小小的世界，它让孩子的梦想在这里萌芽生长！

　　感谢杨宁教授团队的鼓励和指导，使我们一步步更坚实地前进；感谢领导们的带领和支持，使此书能稳步推进顺利完成；更要感谢为此书付出无数个日夜的老师们和默默付出的编辑社团队。这本书凝聚了所有人的汗水和心血，希望在大家的共同努力下，能为我们的孩子创造更具想象力的成长空间，温柔地赋予孩子简单、乐观、积极的概念，为孩子种下一生幸福的种子。

　　也非常欢迎广大幼教同行们就此书与我们共同交流、探讨、学习，期待能得到各界专家、教师的宝贵意见及建议！

　　再次感谢！

　　是为记！

杨梅

2016年8月16日